Die Maklerin und eine neue Bodenformel

Richard Bisig

Die Maklerin und eine neue Bodenformel

Ein Erfahrungsbericht aus dem Häusermarkt
und ein Vorschlag, wie der Krise auf
dem Wohnungsmarkt begegnet werden kann

Mit Illustrationen von Balz Schlegel

FSC
www.fsc.org
MIX
Papier aus verantwortungsvollen Quellen
Paper from responsible sources
FSC® C105338

Bibliografische Information der Deutschen Nationalbibliothek
Die Deutsche Nationalbibliothek verzeichnet diese Publikation in der Deutschen Nationalbibliografie; detaillierte bibliografische Daten sind im Internet über http://dnb.d-nb.de abrufbar.

Cover und Illustrationen: Balz Schlegel (www.balzschlegel.com, info@balzschlegel.com)
Satz, Umschlaggestaltung und Verlag: BoD · Books on Demand GmbH,
In de Tarpen 42, 22848 Norderstedt, bod@bod.de
Druck: Libri Plureos GmbH, Friedensallee 273, 22763 Hamburg

ISBN: 978-3-7693-1125-9

Gewidmet den Teilnehmenden
der politischen Freitags-Lunch-Gespräche Chez Philippe:
Adrian, Hans, Hans-Jörg, Marianne, Philipp.

Die wichtigsten Personen

Burch Cäcilia: Cäcilia hat eine Lehre als Kauffrau absolviert. Wegen eines Autobahnprojektes musste der Bauernhof ihrer Eltern verkauft werden, was sie sehr bedauerte. Da in ihrer Familie im Vorfeld dieses Verkaufs viel über Bauland und Landpreise diskutiert wurde, entschloss sie sich, bei einer Immobilienfirma tätig zu werden. Während rund fünf Jahren erwarb sie sich dort Erfahrung vorerst in der Administration, später als Maklerin und wagte dann den Sprung in die Selbstständigkeit.

Dubach Emil: Emil absolvierte eine Lehre als Automechaniker. Wegen eines Töff-Unfalls war er mit seiner rechten Hand leicht handicapiert. Deshalb liess er sich an einer Abendschule zum technischen Kaufmann ausbilden. Dank der Vermittlung seines Onkels fand er danach in einer Maklerfirma eine Anstellung.

Mitglieder des Think-Tanks ›Bodenformel‹:

Gerhard Franz: Ordentlicher Professor und Leiter des Instituts für Volkswirtschaft an einer Universität. Als ausgebildeter Ökonom hat er eine Dissertation über den Einfluss der Nationalbanken auf den Hypothekarmarkt und eine Habilitation über die Interaktion Nationalbank und Finanzmarkt-Aufsichtsbehörde verfasst.

Holderer Isabelle: Journalistin mit volkswirtschaftlicher Ausbildung.

Kocher Lucas: Nationaler Politiker, der sich für eine sozialere Bodenverwendung einsetzt.

Meili Nina: Hausverkäuferin, ausgebildete Betriebswirtschafterin mit Promotion, hat diesen Think-Tank initialisiert und moderiert ihn.

Die ersten drei Personen dieses Think-Tanks haben sich schon seit längerem mit Wohnungs- und Bodenfragen befasst und wurden von Nina Meili aufgrund ihrer Fachkompetenz und ihrem Erfahrungsschatz ausgewählt. Ihre Rolle ist es, Ideen einzubringen, solche kritisch zu hinterfragen und eine Gewichtung des politisch Machbaren aufzuzeigen.

Nina Meili verkauft ihr Haus

»Frau Meili, ich bin ganz irritiert über den Telefonanruf eines gewissen Herr Dubach. Dieser hat mir soeben gesagt, er habe mit Ihnen einen Vertrag über den Verkauf Ihres Hauses. Was geht hier vor? Sie haben doch einen Vertrag mit mir!« Sichtlich aufgebracht und atemlos, ja gleichzeitig ängstlich, tönt es vom anderen Ende der Leitung.

»Aber selbstverständlich haben wir einen Verkaufsvertag mit Ihnen, Frau Burch.« Nina Meili ist überrascht, von Frau Burch diesen Anruf zu erhalten. Sie glaubte, nach dem Scheitern der ersten Verkaufsrunde nun auf gutem Wege zu sein. Das Gebaren von Herr Dubach erstaunt sie. Er hatte mit ihrem Mann telefoniert und die beiden hatten ein Gespräch abgemacht. Während dieses Dreiergesprächs hatte Dubach seine umfangreiche Datenbank von Kaufinteressenten angeboten, was für sie ja sehr interessant war, denn je grösser der Personenkreis, der auf das zum Verkauf anstehende Haus aufmerksam gemacht werden konnte, desto höher sind die Chancen, dass dieses verkauft werden kann.

Think-Tank Bodenpolitik 1: Hohe Zielsetzung und Charakterisierung des Immobilienmarktes

Nina Meili begrüsst, dankt den Anwesenden für Ihre Teilnahme und verweist auf Ihre Vorgespräche mit jedem einzelnen. »In diesen Vorgesprächen haben wir bilateral ausgiebig über die Zielsetzung dieses Think-Tanks gesprochen. Dabei hat sich folgendes Ziel herauskristallisiert: Wir wollen den Versuch wagen, die bisherigen wissenschaftlichen Erkenntnisse für eine weniger preistreibende Bodenpolitik auszuwerten – und dies ist das eigentliche Wagnis, denn ein Scheitern ist möglich –, und einen Vorschlag zu skizzieren, mit welchen Massnahmen der Preissprung vom landwirtschaftlich genutzten Boden zu Bauland und Preissteigerungen infolge von Um- und Aufzonungen für Zwecke des sozialen Wohnungsbaus genutzt werden können.«

Ihr Blick in die Runde vermittelt Zuversicht und zeugt von ihrer inneren Überzeugung, die desolate Preis-Spirale auf dem Wohnungsmarkt mit einem neuen Konzept durchbrechen zu können. Diese Optik untermauert sie mit der Feststellung, dass die Zusammensetzung dieses Think-Tanks dafür beste Voraussetzung bietet und fährt fort: »Als Einstieg schlage ich euch vor, dass wir uns, wie in unserem gemeinsamen Zoom-Vorgespräch abgemacht, durch Franz Gerhard über den aktuellen Stand auf dem Immobilienmarkt orientieren lassen.«

Mit einem kurzen Nicken seines überrunden Kopfes mit dem braungebrannten Seglergesicht, das diametral einem nüchternen, wissenschaftsorientierten Gelehrten widerspricht, beginnt Franz sein einführendes Referat mit einem Dank an Nina für deren Initiative, dieses Thema auf unkonventionelle Art anzugehen. Anhand weniger Folien zeigt er die wesentlichen Eckdaten des gegenwärtigen Immobilienmarktes:

»Zentral ist das Verhältnis von Angebot und Nachfrage. Da seit langem in den meisten Regionen die Nachfrage das Angebot übersteigt, verzeichnen wir steigende Preise im Immobilienmarkt. Folgende fünf Faktoren haben im Weiteren einen grossen Einfluss auf die bezahlten Preise von Wohnbauland: ÖV-Fahrzeit nach Zürich, Steuer, Aussicht, Nähe zum See, Fluglärm; die Hypothekarzinsen üben ebenfalls einen wesentlichen Einfluss auf diesen Markt aus. Aktuell steigen diese Zinsen und sie üben demzufolge eine dämpfende Wirkung auf die Nachfrage nach Eigentumswohnungen und Einfamilienhäuser aus.«

Franz zeigt in einem Vergleich der Bodenpreise zwischen dem Jahr 1999 und 2020 für einen Quadratmeter Boden in der Bauzone im Kanton Zürich Folgendes: Der Medianpreis betrug 1999 551 Franken und im Jahr 2020 1353 Franken; dies entspricht einer Zunahme von rund 250 Prozent. Das Medianeinkommen bei den Bundessteuern betrug im Jahr 1999 44.200 Franken und stieg bis 2020 auf 54.000 Franken. Dies entspricht einer Zunahme von rund 25 Prozent. Dieser Vergleich zeigt eklatant, wie wenig die Einkommen mit der Bodenpreisentwicklung Schritt halten konnten und wie schwierig es geworden ist für mittlere Einkommen, sich Land, und damit ein Eigenheim zu erwerben.

Einzelne Kantone versuchen dieser unheilvollen Entwicklung Einhalt zu gebieten. So hat der Kanton Waadt ein Vorkaufsrecht im Kanton eingeführt. Dies ermöglicht es den dortigen Gemeinden, neu verkauftes Land zum vereinbarten Kaufpreis zu übernehmen und dieses Genossenschaften zu überlassen oder selber zu bebauen.

Zur Veränderung des Flächenbedarfs zitiert Franz die NZZ am Sonntag: 1970 beanspruchte die Stadtzürcher Bevölkerung pro Kopf 30 Quadratmeter Wohnfläche und heute sind es über 40 – dies als Zeichen eines höheren Wohlstands. Der gestiegene Flächenbedarf pro Kopf für Wohnungen ist somit einer der vielen Nachfragetreiber. Ein weiterer ist die beschränkte Siedlungsfläche. Diese beträgt in der

Schweiz lediglich 8 Prozent der Gesamtfläche. Da Einzonungen kaum mehr möglich sind, bleibt das Angebot beschränkt – bei gleichzeitig grösserer Nachfrage. Hinzu kommt die Zunahme der Bevölkerung, die ebenfalls nachfrage- und preissteigernd wirkt.

Zum Thema der Einzonungen interveniert Isabelle. »Von meiner Ratsberichterstattung weiss ich von folgender Möglichkeit, die das Planungs-und Baugesetz des Kantons Zürich bietet. Seit dem Jahr 2019 ist in diesem PBG der Artikel 49b in Kraft. Führen Zonenänderungen, Sonderbauvorschriften oder Gestaltungspläne zu erhöhten Ausnützungsmöglichkeiten, kann für ganze Zonen, gebietsweise oder für einzelne Geschosse, die ganz oder teilweise für Wohnzwecke bestimmt sind, ein Mindestanteil an preisgünstigem Wohnraum festgelegt werden. Obwohl der Kanton eine restriktive Haltung bezüglich Erweiterung des Siedlungsgebietes praktiziert, könnte er diese restriktive Haltung aber lockern und den Gemeinden erlauben, neue Gebiete einzuzonen, wenn sie die Einzonung mit dem Artikel PBG 49b verbinden und einen Mindestanteil an preisgünstigem Wohnraum schaffen.«

Isabelle ist anzusehen, dass sie stolz ist, von Ihrer Erfahrung als Journalistin zu profitieren und hier einschlägiges Wissen einbringen kann. Und sie kann nachdoppeln mit einem weiteren gesetzesspezifischen Thema. »Eine weitere Möglichkeit zur Förderung des gemeinnützigen Wohnungsbaus ginge über eine Gestaltungsplanpflicht. Bei einer Zonenänderung können Gebiete der Gestaltungsplanpflicht unterstellt werden und die Details sind in Verträgen zu regeln. Die dabei mögliche erhöhte Ausnutzung müsste mit der Auflage eines Mindestanteils an preisgünstigem Wohnraum verknüpft werden.«

»Interessant, Isabelle,« kommentiert Franz, »das birgt doch auch einiges Potential in unserem Sinne,« und geht auf das Wirken der Pensionskassen ein. Diese haben zwischen 2004 und 2020 jedes Jahr Immobilien im Wert von 3 bis 4 Milliarden Franken gekauft. Dass dieser Trend anhält, zeigt eine Studie der Hochschule Luzern. Gemäss dieser Studie aus dem Jahr 2015 gaben 40 Prozent der befragten Pensionskassenmanager an, weiterhin in Direktanlagen investieren zu wollen.

Nina ergänzt Franz mit einem Hinweis auf eine aktuelle Studie: »Zum Thema Flächenbedarf pro Kopf hat Raiffeisen eine interessante – und auch brisante – Studie veröffentlicht. Gemäss dieser Untersuchung beanspruchen Rentner im Schnitt mehr als 55 Quadratmeter Wohnraum. Zum Vergleich liegt der Wohnraumbedarf bei den 25- bis 50-Jährigen zwischen 39 und 45 Quadratmetern. Rein rechnerisch könnten so in der Schweiz 170.000 Wohnungen frei werden.«

Sie erwähnt noch ihre Beobachtung aus Ihrer Nachbarschaft und meint, ein sanfter Druck auf die gesunden Alten würde unserem Wohnungsmarkt guttun. Es gäbe viele Pensionierte in einem Einfamilienhaus, die zu zweit ein ganzes Haus belegten, denn die Kinder seien ausgezogen ohne Interesse, das Elternhaus zu übernehmen. Gemäss ZHAW-Studie würden in rund der Hälfte der Einfamilienhäuser in der Schweiz nur ein bis zwei Personen wohnen. Und mit der steigenden Lebenserwartung würde diese ›Unterbelegung‹ noch weiter zunehmen. Der Verein Metamorphouse, der das Problem halbleerer Häuser erkannt hat, ist der Meinung, Einfamilienhäuser müssten in Mehrfamilienhäuser umgebaut werden. Damit würde mehr Wohnraum geschaffen und die angestrebte Verdichtung nähme ebenfalls zu. Da eine solche Umwandlung nicht so einfach zu bewerkstelligen sei, müsste ein solcher Schritt schon bei der Planung miteinbezogen werden. Die pensionierten Eltern würden sich schwertun, das Haus zu verkaufen und sich mit einer Wohnung zu begnügen. In unserem Land, das die persönliche Freiheit sehr hoch hält, sei es sehr schwer, mit einer staatlichen Lenkung einen Beitrag zur Mehrung des Wohnungsraums zu initialisieren. Was letztlich bliebe, sei der Appell an die Eigenverantwortung.

Nina weist im Weiteren auf einen ähnlichen Vorschlag. Gemäss Tages-Anzeiger schlägt der Baumeisterverband vor, bestehenden Wohnraum besser zu nutzen, indem die älteren Hausbesitzer ihre Häuser freigeben sollten. Sie begründen diese Forderung wie bereits erwähnt: ältere Personen beanspruchen weit mehr Wohnraum als jüngere. Den ökonomischen Hebel, mehr Wohnraum zu schaffen, sieht dieser Verband in einem finanziellen Anreiz, ungenutzte Flächen freizugeben.

Ein weiterer Hinweis ist für Nina auch noch wichtig und sie weist auf einen Vorschlag von Casafair hin. Dieser Hauseigentümerverein postuliert eine Umwandlung von nicht mehr genutzten Gewerberäumen zu Wohnzwecken.

Offenbar hat Nina ein grosses Reservoir an Vorschlägen, wie der Nachfrage nach Wohnraum begegnet werden kann und sie weist noch auf einen Hinweis einer Bekannten hin. In einem umgenutzten Hotel sollen genossenschaftliche Wohnungen für ältere Menschen entstehen. Gleichzeitig wurde das Restaurant für die Öffentlichkeit erhalten und Raum für kulturelle Veranstaltungen geschaffen. Und durch einen Annexbau wurde für eine Spitex Raum geschaffen. Dieses Projekt zeigt, wie Wohn-, Betreuungs- und Kulturkonzepte integrativ wirken können.

»Aber bleiben wir bei unserem Thema«, fährt sie fort, »und ich bitte Isabelle Holderer, wie vorgängig abgemacht, über die Genossenschaftsbewegung in der Schweiz zu berichten.«

Isabelle, adrett gekleidet und mit ihrer randlosen Brille suggeriert sie einen sehr intellektuellen Eindruck. Sie beginnt mit dem Hinweis auf die Bundesverfassung. In Artikel 108 ist die Wohnbau- und Wohneigentumsförderung explizite erwähnt. Als Förderinstrument steht der sogenannte Fonds de Roulement zur Verfügung und dieser ist aktuell mit rund einer halben Milliarde Franken dotiert.

In ihren weiteren Ausführungen bezieht sie sich auf das Referat von Paul Steinmann, das dieser 1955 an der Volkshochschule Zürich hielt. Urformen der genossenschaftlichen Bewegungen gehen auf die ›Redlichen Pioniere von Rochdale‹ zurück. Von Beruf Weber formulierten sie schon im 19. Jahrhundert den auch heute noch gültigen Grundsatz, zur Verbesserung ihrer wirtschaftlichen und sozialen Lage Häuser zu bauen oder zu kaufen.

Die wesentlichen Merkmale von Bau-Genossenschaften sind:

Die Bau- und Wohngenossenschaften bauen für den Bedarf ihrer Mitglieder, dies im Gegensatz zur privaten und profitorientierten Immobilienwirtschaft; die erstellten Häuser bleiben dauernd im Eigentum der Genossenschaft; die Vermietung erfolgt generell an die Mitglieder der Genossenschaft, wobei die Mieter einen Anteil am Genossenschaftskapital zu übernehmen haben; die Mietzinse der Wohnungen werden so festgelegt, dass sie die Kosten wie beispielsweise die Verwaltung, Kapitalzinsen, Unterhalt, Steuern, Abschreibungen decken (Kostenmiete), um so die dauernde Existenz der Genossenschaft zu sichern.

Zur heutigen Verbreitung von Genossenschaftswohnungen zitiert sie ›Die Wohnbaugenossenschaften (WBG) der Schweiz – Eine Bestandsaufnahme aus dem Jahr 2018‹ und zeigt auf, dass sich im Kanton Zürich rund 40 Prozent aller Genossenschaftswohnungen der Schweiz befinden, gefolgt von Bern mit 10 Prozent und Luzern mit 8 Prozent. Die grosse Mehrheit der WBG nennen in ihrem Zweck die Vermittlung, die Erstellung, die Verwaltung oder den Erhalt von Wohnraum, hauptsächlich für ihre Mitglieder. 20 Prozent geben im Zweck zusätzlich an, dass sie vorwiegend für ältere Menschen, Familien, für das Personal öffentlicher Dienste oder für das Personal ihrer Mitglieder da sind. Der Anteil der WBG an den Schweizer Genossenschaften beträgt rund 25 Prozent und hat sich in den letzten Jahrzehnten deutlich erhöht. Der Anteil an allen Wohnungen der Schweiz hat sich jedoch verringert. Es sind zwar viele kleine WBG entstanden, aber mit einer kleinen Zahl Wohnungen und die bestehenden WBG haben zu wenig Neubauten erstellt, um insgesamt den Marktanteil halten zu können. Rund 90 Prozent der WBG können zudem als gemeinnützig gemäss der Bundesverordnung zum Wohnraumförderungsgesetz bezeichnet werden und eine Kostenmiete anwenden.

»Woher meine Sympathien für genossenschaftliche Lösungen im Bodenmarkt kommen, will ich euch anhand von folgendem Beispiel zeigen«, fährt Isabelle fort. Sie bezieht sich auf einen Bericht des ›Blick‹, der über eine Grossüberbauung am See im Zürcher Quartier Wollishofen berichtete. Sechs Mietshäuser sollten abgerissen und durch Neubauten mit fast doppelt so vielen Wohnungen ersetzt werden. Trotz dieser Steigerung der Anzahl Wohnungen auf gleicher Grundfläche sollen die einzelnen Monatsmieten massiv steigen. Zu diesem Thema zitiert sie eine Studie der ETH. Danach verdienen verdrängte Haushalte monatlich 4.800 Franken weniger als der durchschnittliche Haushalt und Haushalte nach einer Renovationen haben ein monatlich 3623 Franken höheres Haushaltseinkommen als die Vormietenden. Damit wird offensichtlich, wie Reichere Ärmere verdrängen – mit langfristigem politischem Zündstoff.

Und zum Thema ›Geld‹ erwähnt sie noch Folgendes: »Erstaunlicherweise haben heutzutage die meisten Wohnbaugenossenschaften keinen Engpass beim Geld, sondern beim verfügbaren Land. Sie würden gerne mehr Wohnungen bauen, finden aber kein zahlbares Land. Viele Genossenschaften sind sehr reich. Sie setzten jährlich Millionen Franken um und sie könnten dank ihrer hohen Liquidität jederzeit Grundstücke auch zu hohen zweistelligen Millionen-Beträgen kaufen. Wenn aber hohe Landpreise die Monatsmieten in die Höhe treiben, so kommen die Wohnbaugenossenschaften in ein Dilemma: Das Geld für den Kauf einer Liegenschaft oder – selten – Bauland wäre vorhanden, aber ab einer gewissen Höhe können sie nicht mehr mitbieten, weil dann die Vorgaben für die Gemeinnützigkeit nicht mehr zu erfüllen sind.«

Dann kommt sie noch auf einen eher negativen Aspekt von Genossenschaften zu reden, nämlich die Neigung dieser Organisationsform zu Machtmissbrauch. Sie erwähnt die in der Stadt Zürich gemachten negativen Erfahrungen, dargelegt in einem Leitartikel von Beat Metzler im Tages-Anzeiger. 2018 wurde der Ex-Präsident einer Baugenossenschaft zu sechsunddreissig Monaten Gefängnis verurteilt, weil er in den eigenen Sack gewirtschaftet hatte. In einem ähnlichen gelagerten Fall wurde 2020 ein Geschäftsführer einer anderen Genossenschaft entlassen. Schlussfolgerung: Die moralischen Ansprüche sind in einer Genossenschaft besonders hoch, denn Gewinnstreben und Lohnmaximierung stehen nicht im Vordergrund. Die Geschäftsführer geniessen deshalb einen Vertrauensbonus, der eben auch zu Missbrauch führen kann.

Zum Schluss ihres Votums weist sie noch auf das Thema der Bodenspekulation hin: »Profiteure der allseits zu beobachtenden Mietzinssteigerungen sind die, die mit dem Boden spekulieren, die institutionellen Anlegern wie Pensionskassen und vor allem auch die Bodenbesitzenden. In diesem Zusammenhang weise ich auf Werner Vontobels Gedanken hin.«

Sie resümiert dessen Auffassung, wonach mit den steigenden Bodenpreisen eine Umverteilung von Vermögen stattfindet, die unser System gefährdet. Und er fragt, wie sich dies stoppen lässt. Die hohen Gewinne aus dem Verkauf von Boden und Liegenschaften kassieren die Bodenbesitzer. Damit finde eine Umverteilung zugunsten der Bodenbesitzenden statt. Seit zehn Jahren nehme das Vermögen der Privathaushalte jährlich um 154 Milliarden Franken zu, gut die Hälfte davon dank steigenden Immobilienpreisen. Davon profitiere auch die relativ breite Schicht der Erben. Ein Drittel der Schweizer sind Wohneigentümer und damit auch Erblasser von Grundeigentum. Und zu den Pensionskassen: diese haben einen Anlagebedarf von fast 40 Milliarden, der zu einem grossen Teil in Immobilien fliesse. Vor allem an steuergünstigen Lagen komme drittens noch die Nachfrage von Multimillionären und Steueroptimierern aus dem Ausland dazu. Gemäss Professor Volker Grossmann von der Uni Fribourg erhöht jedes Prozent Einwanderung die Mieten um 7 Prozent.

Vontobel schildert im Weiteren den Vermögenszuwachs der Bodenbesitzer an einem Beispiel einer geerbten 600-Quadratmeter-Parzelle, die in einer Bauzone liegt, auf der man pro Quadratmeter Boden einen Quadratmeter Wohnfläche für 5000 Franken Baukosten bauen kann. Solche Lagen können 10.000 Franken pro Quadratmeter Land wert sein. Wie viel monatliches Einkommen kann nun ein Erbe einer solchen Parzelle damit generieren? Zunächst stockt er seine 6 Millionen um eine Hypothek von 9 Millionen auf 15 Millionen auf. Damit kann er erstens für 4 Millionen Franken seinen Grundbesitz um 400 auf 1000 Quadratmeter arrondieren. Für die restlichen 5 Millionen kann er darauf 1000 Quadratmeter Wohnfläche à 5000 Franken bauen. Der Erbe ist damit stolzer Besitzer von zehn Wohnungen zu je 100 Quadratmetern im Wert von total 15 Millionen. Davon sind 6 Millionen Eigenkapital in Form von 600 Quadratmetern Bauland.

Bei der Festlegung der Miete hält der Erbe sich an das geltende Mietrecht. Dieses erlaubt ihm, sämtliche Unterhalts-, Abschreibungs- und Verwaltungskosten sowie den Hypozins auf die Mieter abzuwälzen. Darüber hinaus darf er ihnen eine Rendite von 3,75 Prozent auf seinem Eigenkapital von 6 Millionen in Rechnung stellen. Das allein sind 225.000 Franken jährlich, bzw. je 1875 Franken monatlich, von jeder der zehn Mieterparteien.

Doch das ist nur die Spitze des Eisbergs, denn mit jedem Prozent, das seine Liegenschaft an Wert gewinnt, wird der Erbe um 150.000 Franken reicher. Er profitiert damit von der Hebelwirkung des Kredits. Bei den heute üblichen jährlichen 3 Prozent Preissteigerung nimmt das Vermögen des Erben somit um 450.000 Franken zu. Zusammen mit den 225.000 Franken Nettoeinnahmen kann er alle drei Jahre vier neue Wohnungen finanzieren. Auf der anderen Seite fehlen den zehn Mietern jeden Monat 1875 Franken. Damit haben sie praktisch keine Chance, jemals ein Vermögen von mindestens 300.000 Franken zu ersparen, das heute zur Finanzierung eines Eigenheims nötig ist.

Vontobel schlägt dann eine philosophische Note an und meint, das private Nutzungsrecht am Boden sei nicht absolut. Was unter dem Boden ist, gehört dem Staat, er entscheidet auch, was, wo, wie dicht gebaut werden darf. Er stellt Gebäude unter Denkmalschutz und greift so auf vielfältige Weise in die Nutzungsrechte ein. Und vor allem: Der Staat entscheidet, wo welche Verkehrsverbindungen, Spitäler, Schulen etc. gebaut werden. Damit beeinflusst er auch massgeblich den Marktwert einer Immobilie und dieser ist, wie oben schon dargelegt, von verschiedenen Faktoren abhängig – wichtigster ist die Lage.

Die Lage aber ist in vielerlei Hinsicht ein öffentliches Gut, denn staatliche Einflüsse spielen eine entscheidende Rolle. Etwa der Steuerfuss oder die Standort- und Einwanderungspolitik. Je mehr Steuerflüchtlinge und gutverdienende Expats sich in der Schweiz niederlassen und Grundeigentum erwerben, desto teurer wird die Lage. Warum sollen davon nur die Bodenbesitzer profitieren können, während die Kosten der hohen Bodenpreise, des Staus, des Ausbaus der Infrastruktur etc. von allen getragen werden? Diese Frage beantwortet Vontobel auch gleich selbst, indem er ein Vorkaufsrecht des Staates postuliert.

Isabelle schliesst ihr Votum mit der Bemerkung: »Ich freue mich auf die kommenden Diskussionen über mögliche Ansätze, diesem preistreibenden und unsozialen Gebaren begegnen zu können.«

Nina bedankt sich für diese interessante Darstellung und leitet über zu ihrer Auswertung einer Nationalbankstatistik, die die Vermögenssituation darstellt. Danach ist das Immobilienvermögen der Privathaushalte in den letzten zehn Jahren jährlich zwischen rund 30 und rund 150 Milliarden Schweizerfranken gestiegen, ohne Einbezug der Vermögenssteigerungen der Pensionskassen und der Immobilienfonds. Wohnimmobilien gelten als sehr sichere Anlagen und bei der aktuellen Lage auf dem Wohnungsmarkt könnte insbesondere der Bund noch eine beträchtliche Gewinnmarge herausschlagen, ohne seine Mieter über Gebühr zu beanspruchen.

»Diese gigantische Vermögensakkumulation bei den Bodenbesitzenden wirft doch die Frage nach der Gegenleistung auf. Was ist der Beitrag der Landverkaufenden?«, fragt Nina in die Runde. »Die gestiegenen Landpreise sind doch neben der gestiegenen Nachfrage auch auf Leistungen der öffentlichen Hand zurückzuführen, wie beispielsweise Erschliessungskosten, Infrastrukturbauten wie Schulen, öffentlicher Verkehr usw.« Ihre Mimik und Gestik zeigen ihren Unmut über diese enorm hohen Zahlen. Auch ihrem Gesichtsausdruck ist ihr Frust anzusehen und zeigt auch gleichzeitig ihre Motivation, dieses Thema einer ungerechtfertigt hohen Bodenrente in einem Fachgremium zu diskutieren und wenn immer möglich einer Lösung zuzuführen.

Um einen Überblick über die aktuelle Situation auf der politischen Ebene zu erhalten, bittet Nina nun Lucas Kocher darzulegen, was in unserem Bundesparlament zu der von uns zu diskutierenden Frage gesagt und geschrieben wurde.

»Da ich erst seit rund drei Jahren im Nationalrat tätig bin, habe ich selbstverständlich auch im Archiv der ›Persönliche Vorstösse‹ recherchiert,« beginnt Lucas seine Ausführungen. Seinen jungen Jahren entsprechend strotzt er vor Enthusiasmus, sein relativ langgeschnittenes, struppiges, hellblondes, kräftiges Haar steht auf und an seinem Kopf, als gehöre es nicht zu ihm. Seine Begeisterung, sein Engagement kompensieren bei weitem den wilden, unseriös scheinenden Haar-Eindruck und man erhält die Überzeugung, sein Äusseres sei kompatibel mit seiner engagierten Politikhaltung.

»Es gibt vor allem einen parlamentarischen Vorstoss, der es wert ist, näher anzusehen.« Dieser will die Grundstückgewinne zugunsten des preisgünstigen Wohnungsbaus verwenden. Der Bundesrat wurde damit beauftragt, der Bundesversammlung eine Änderung der Verfassung vorzulegen, um auf Bundesebene eine Grundstückgewinnsteuer zu erheben. Dabei soll ein minimaler Steuersatz, ein höherer Steuersatz bei kurzer Besitzdauer, eine Teilzweckbindung zu Gunsten des preisgünstigen und gemeinnützigen Wohnungsbaus und eine Rückverteilung des übrigen Teils an die Kantone und Gemeinden, in denen das Steuerobjekt liegt, festgelegt werden.

Begründet wurde dieses Anliegen einerseits mit den hohen Einnahmen aus den Grundstückgewinnsteuern – trotz tiefer Besteuerung.

Mit konkreten Zahlen werden die Einnahmen belegt. So betrugen in der Stadt Zürich die Einnahmen 2022 421 Millionen Franken. Im Kanton Genf lagen sie bei 131 Millionen Franken und im Kanton Bern beliefen sie sich auf 146 Millionen Franken.

Bei der weiteren Erläuterung zeigt sich sein Engagement für diese Frage – und auch sein Frust über die von ihm oft erwähnte Untätigkeit des Bundes in dieser wichtigen bodenpolitischen Frage. Mit erhobener Stimme und leicht zugekniffenen Augen fährt er fort: »Diese Summen zeigen auf, welch hohe Gewinne auf dem Grundstück- und Liegenschaftsmarkt erzielt werden. Es handelt sich jedes Jahr um hohe Milliardenbeträge. Hier werden Gewinne erzielt, die andere durch hohe Mieten oder hohe Liegenschaftspreise bezahlen müssen.«

Mit dieser emotional unterlegenen Äusserung scheint er seinen Frust los geworden zu sein, denn im Normalton geht er auf die gesetzliche Regelung der heutigen Grundstückgewinnsteuer ein, die im Steuerharmonisierungsgesetz geregelt ist. Dieses legt fest, dass die Kantone diese Steuer erheben müssen und in welchen Fällen. Der Steuersatz ist jedoch nicht bestimmt und ist je nach Kanton und Besitzdauer sehr unterschiedlich; sie kann zwischen wenigen Prozentpunkten und 60 Prozent schwanken.

Zurückkommend auf die Einnahmen der Grundstückgewinnsteuer, zeigt er auf, dass deren Volumen eine direkte Folge der steigenden Preise für Liegenschaften sind. Gleichzeitig sind diese Preise aber auch ein Faktor für die Wohnungsprobleme, da gerade gemeinnützige Wohnbauträger und Private, welche dauerhaft preisgünstigen Wohnraum schaffen wollen, bei diesen Preisen nicht mithalten können.

In der nun folgenden Vorstellung einer Lösungsmöglichkeit scheinen seine schon hellen Augen noch begeisterungsheller, denn er muss sehr angetan sein von den nun folgenden Vorteilen einer nationalen Steuer. Er fährt fort: »Mit der Ablösung der auf Kantonsebene erhobenenen Grundstückgewinnsteuer durch eine nationale Steuer sind folgende Vorteile verbunden: Die Steuersätze werden harmonisiert und gelten landesweit und – und das ist das Kernstück – ein Teil der Steuer kann für die Wohnbauförderung eingesetzt werden. Damit können gemeinnützige Wohnbauträger und preisgünstige Wohnungen gefördert werden.«

Nebenbei bemerkt er auch noch, dass der übrige Teil an die Kan-

tone rückverteilt werden kann. Damit ist gesichert, dass jene Kantone, welche heute über gewichtige Einnahmen aus dieser Steuer verfügen, auch in Zukunft davon profitieren. Ebenfalls wäre es den Kantonen überlassen, wie heute diese Einnahmen an die Gemeinden weiterzugeben oder mit ihnen zu teilen.

Als Lucas weitere Details erklären will, unterbricht ihn Nina: »Lass uns hier diese Idee vorerst einmal ruhen, Lucas. Wir werden später bestimmt darauf zurückkommen. Es ist für uns alle klar, dass wir gerne spontan zu diesem Anliegen Stellung nehmen würden, aber ich bitte euch zuzuwarten, bis wir die Auslegeordnung abgeschlossen haben«.

Nina bedankt sich bei Lukas und macht einen Ausblick auf des weitere Vorgehen: »Bevor wir zur Diskussion starten, möchte ich euch noch etwas zu den Grössenverhältnissen aus meiner familiären Erfahrung erzählen.« Sie schildert wie ihre Eltern im Jahr 1953 auf dem Land ein Reiheneinfamilienhaus für 42.000 Franken kauften. Ihr Vater hatte ein Monatseinkommen von rund 1000 Franken – und somit ein Jahreseinkommen von 12.000 Franken. Für dieses Haus musste folglich das Dreieinhalbfache seines Jahreslohns bezahlt werden.

»Vergleiche ich diese Situation mit der heutigen«, fährt sie fort, »dann stelle ich eine riesige Diskrepanz fest, wie der neuerliche Verkauf unseres Reihenhauses zum Preis von rund 1.600.000 Franken zeigt. Das Statistische Amt des Bundes hat für 2020 einen Median-Monatslohn von 6.665 Franken errechnet, was einen Jahreslohn rund 80.000 Franken ergibt. Damit ist offensichtlich, dass ein durchschnittlicher Haushalt sich ein Eigenheim nicht mehr leisten kann, wenn das 20-fache eines Jahreslohns bezahlt werden muss.«

Nina zitiert zur Ergänzung ihrer eigenen Lebenserfahrung den Tages-Anzeiger, der über die Studie der Immobilien-Beratungsfirma Wüest&Partner berichtet. Gemäss dieser Untersuchung sind für rund 80 Prozent des oberen Mittelstands mit einem Jahreseinkommen von

150.000 Franken Wohneigentum nicht finanzierbar. Eine wichtige Rolle spielen dabei die Tragbarkeitsforderungen der Banken. Danach sollten die Ausgaben für das Wohnen nicht mehr als ein Drittel des verfügbaren Einkommens ausmachen, bei der Vergabe von Hypotheken muss ein Eigenkapitalanteil von 20 Prozent vorhanden sein und rechnerisch wird eine Verzinsung der Hypothek von 5 Prozent berechnet, nebst teilweise einer Amortisationspflicht.

Und Isabelle ergänzt: »Die Wohnkrise dürfte sich in den kommenden Jahren weiter verschärfen, denn es gibt einen Mangel an bezahlbaren Eigenheimen.« Sie weist auf eine Studie des Internationalen Währungsfonds (IWF), die zum Schluss kommt, die Erschwinglichkeit von Wohnraum sei durch die steigenden Zinsen schwieriger geworden und damit sei auch für die meisten der Traum vom Eigenheim geplatzt. Die Folge: Die Eigenheimträumer verschwinden nicht vom Markt, sondern verschärfen den Mangel an bezahlbaren Wohnungen. Wohl seien die Übertreibungen während der Coronazeit etwas nach unten korrigiert worden. Damals wollten viele Menschen pandemiebedingt aus den Städten weg und ins eigene Haus ziehen, um den ansteckenden Menschen in den Städten zu entfliehen und mehr Homeoffice-Raum zu schaffen. Aktuell sei ein Abflachen des vergangenen Baubooms der letzten Jahre festzustellen, insbesondere wegen der Teuerung der Baukosten. Da potentielle Verkäufer abwarten, kämen keine erschwinglichen Angebote für Eigentumswohnungen oder Einfamilienhäuser auf den Markt. Weil die Preise in der Schweiz – trotz Zinserhöhungen – stabil blieben, seien viele Verkäufer nicht zu preislichen Konzessionen bereit. Sie warteten lieber länger auf ein gutes Angebot, als ihre Immobilie aus Angst vor einem weiteren Preiszerfall zu verscherbeln. An dieser Haltung würde sich erst etwas ändern, sollten die Preise auf breiter Front ins Rutschen geraten.

Und Sie schliesst mit der Bemerkung: »Davon ist aber nicht auszugehen. Und auch die Zinskosten werden nicht mehr weiter sinken. Also auch von dieser Seite wird der Traum vom Eigenheim nicht weiter befeuert. Gemäss dem Vergleichsportal Moneyland ist der markante Zinsrückgang bei den Festhypotheken vorerst gestoppt.«

Zusammenfassend schliesst Nina die Diskussion: »Zu meiner Kindheit war für viele Familien ein Eigenheim noch aus eigener Kraft finanzierbar, heute nur noch für wenige. Dank Milliarden von vererbten Geldern existiert überhaupt noch ein Immobilienmarkt. Um es in Zahlen auszudrücken: Im Jahr 2022 wechselten laut Marius Brülhart, Wirtschaftsprofessor an der Universität Lausanne, rund 88 Milliarden Franken per Erbschaft den Eigentümer. Davon umfassten Schenkungen und Erbvorbezüge 23 Milliarden Franken, also etwa ein Viertel des Gesamtvolumens.«

Maklervertrag auf der Basis eines Pauschalpreises oder eines Erfolgshonorars?

»Im Weiteren hatte Dubach seinen Maklervertrag auf der Basis eines Pauschalpreises angepriesen,« erzählt Nina Meili weiter von ihrer Erfahrung mit dem eigenen Hausverkauf. »Unsere vorgängigen Abklärungen hatten ergeben, dass die meisten Immobilienmakler in der Schweiz auf Erfolgshonorar-Basis arbeiten. Sie erhalten einen im Maklervertrag festgelegten Prozentsatz des Verkaufspreises und sind deshalb daran interessiert, eine Immobilie möglichst teuer zu verkaufen. Anders beim Festpreis. Bei dieser Methode erhält die Maklerin ihr Honorar unabhängig vom Verkaufspreis. Je nach Vertrag wird das Honorar ganz oder teilweise auch dann fällig, wenn der Makler das Objekt nicht verkaufen kann.«

Diesen Kontakt mit Herr Dubach schildert Nina Meili der Maklerin und ergänzt: »Selbstverständlich haben wir ihm gesagt, dass wir einen Vertrag mit Ihnen hätten und es ginge lediglich darum, von dessen Liste zu profitieren. Sollte ein Interessent aus seiner Liste dann das Haus kaufen, dann müsste selbstverständlich über die Aufteilung des Maklerhonorars gesprochen werden. Sie selber, Frau Burch, hatten in der Anfangsphase unseres Kontakts ja gesagt, wenn es in der Vergangenheit Diskussionen unter den Maklern gegeben habe, hätten sie bilateral immer eine Lösung gefunden.«

Think-Tank Bodenpolitik 2: Mögliche Lösungsansätze

Nachdem anlässlich des ersten Treffens im Rahmen des Think-Tanks Grundlegendes zum Liegenschaftsmarkt dargelegt wurde, begrüsst nun Nina Meili zu einem zweiten Treffen mit den Worten: »Heute wollen wir eine Auswertung des ersten Treffens vornehmen und im Sinne eines Brainstormings Lösungsideen auflisten«.

Sie selber beginnt mit einem Dank an die Votanten des letzten Think-Tanks und meint: »Mit Franz Gerhards Darlegungen über den heutigen Immobilienmarkt, Isabelle Holderers Vorstellen der Genossenschaftsbewegung in der Schweiz, Lucas Kochers Überblick über die aktuelle Situation auf der politischen Ebene und meinen statistischen Angaben haben wir eine hinreichende Basis gelegt, um uns zu fragen, ob es Lösungsansätze gibt, von den hohen Liegenschaftspreisen wegzukommen, damit de facto nicht nur Familien ein Eigenheim erstehen können, die geerbt haben. – Wer möchte sich äussern?«

Nina schaut etwas unsicher in die Runde. Insgeheim fragt sie sich, ob die gemachte Auslegeordnung genügt, um Ideen zu entwickeln. Sie beruhigt sich aber sogleich selber, denn sie kann ja davon ausgehen, dass die Anwesenden sich ja auch schon selber dieselbe Frage gestellt hatten. Bestimmt sind alle froh, in diesem Kreise Ihre Ideen platzieren zu können und zu hören, was andere Personen, die ja alle ihre spezifischen Erfahrungen gemacht haben, zu ihren individuellen Vorstellungen meinen würden.

Als erster äussert sich Lucas und weist auf den riesigen Fundus von Argumenten, die in den verschiedenen parlamentarischen Vorstössen enthalten sind. »Ich habe beim Lesen dieser bodenbezogenen Dokumente sehr viel gelernt,« fährt er fort. »Als Vorbereitung auf das heutige Gespräch habe ich mir folgende Themen aufgelistet, über die wir meiner Meinung nach diskutieren sollten:

Grundlegend ist die Frage, wem der Boden eigentlich gehört respektive gehören sollte; welches sind die Einflussfaktoren auf die Bodenpreise? Gemäss nationalem Forschungsprogramm 21 sind es drei Bündel von Faktoren; Bestandesmieten und Neumieten (Transaktionsmieten); ist Baulandhortung akzeptabel? Soll der heute existierende Bodenmarkt über Steuern/Vermögenssteuern beeinflusst werden? Eine aktive Bodenpolitik der Gemeinden führt zu einer Stabilisierung der Preise auf dem gesamten Bodenmarkt. Ist dies erwünscht? Das Gemeinwesen soll nach Auffassung des Bundesrates nur als Zwischenerwerber von Boden auftreten, d. h. Baugrundstücke erwerben, diese zügig erschliessen und hernach an Private weitergeben; die Forschungsstelle Sotomo zeigt, dass Nettomieten vergleichbarer Wohnungen im Schnitt 15,4 Prozent tiefer liegen, wenn sie im Rahmen des gemeinnützigen Wohnungsbaus anstatt als konventionelle profitorientierte Mietwohnungen gebaut wurden; sollen für den Wohnungsbau Auflagen betreffend Grösse gemacht werden? Wohnungsgrössen versus Landverschleiss; der Land- und Immobilienwert steigt durch steuerfinanzierte Investitionen in die Infrastruktur (Bau von Strassen, Schulen, Pärke, Anschluss an den öffentlichen Verkehr usw.); Planungsgewinne sollen bei Einzonungen zu mindestens 20 Prozent abgeschöpft werden (allerdings verrechnet mit der künftigen Grundstückgewinnsteuer); Ansätze zur Beteiligung Dritter an den Kosten für Infrastrukturen, die durch die öffentliche Hand erstellt werden, gibt es bereits heute, so zum Beispiel die Erschliessungsbeiträge; Pensionskassen, die 18 Prozent der Schweizer Mietwohnungen besitzen, passen nicht so gut in das Bild der anonymen Investoren. Die Pensionskassen müssen per Gesetz das Geld der Schweizer Angestellten gewinnbringend für die Rente anlegen. Sind wir deshalb letztlich nicht alle

Mitbesitzer der Wohnungen? Wie weit sollen Gemeinden und Städte eine aktive Rolle auf dem Wohnungsmarkt spielen? Können Sie tiefere Mietzinse anbieten als private Investoren?«

Nach dieser Aufzählung weist er noch auf den Aktionsplan Wohnungsknappheit des Bundes hin, der sich sowohl an staatliche wie private Akteure richtet. Dieser Plan will in enger Zusammenarbeit mit den beteiligten Akteuren zu einer Ausweitung des Wohnangebots und zu mehr qualitätsvollem, preisgünstigem und bedarfsgerechtem Wohnraum beitragen. »Meine Meinung dazu ist schnell gesagt,« resümiert er. »Guter Wille ist vorhanden, aber eine grosse Wirkung ist kaum zu erwarten und deshalb braucht es griffigere Massnahmen.«

Es ist Lucas anzusehen, dass er stolz ist, eine klare Meinung zu diesem Aktionsplan zu haben und ein breites Themenfeld abgedeckt zu haben; erwartungsvoll schaut er in die Runde.

»Vielen Dank, Lucas, für diese Palette an Themen. Diese zeigt, wie sehr Boden- und Wohnpolitik ein für unsere Gesellschaft wichtiges Thema ist. Im Rahmen unserer Gespräche können wir niemals alle diese Themen diskutieren und ich will an dieser Stelle auf unser ursprüngliches Ziel hinweisen: Es sind die hohen Landpreise und die Tatsache, dass sich die meisten jungen Familien es sich nicht mehr leisten können, ein Eigenheim zu erwerben, ausser sie können auf ein Erbe zurückgreifen. Dazu gehören selbstverständlich auch Fragen, wie du sie erwähnt hast. Ich schlage deshalb vor, dass wir zuerst die Frage besprechen, wem der Boden gehört oder wem der Boden eigentlich gehören sollte.«

Rundherum zustimmendes Nicken. Spontan meldet sich Franz: »Dies ist ja beinahe eine philosophische Frage – und es gibt dafür auch unterschiedliche Antworten.« Und er ergänzt: »Das Spektrum der zu diskutierenden Fragen ist tatsächlich immens und zur Frage des

Eigentums am Boden kann ich aus theoretischer Sicht einen Beitrag leisten.«

Sein Blick in die Runde signalisiert ihm erwartungsvolle Zustimmung und auf das Nationale Forschungsprogramm 21 hinweisend, sind es folgende Faktoren, die für die Preisbildung relevant sind: Grundstückbezogene: Grundstückgrösse, Lage, Distanz zum Zentrum, Einwohnerdichte, Überbauungsgrad; Sozioökonomische: Steuerkraft, Zusammensetzung der Wohnbevölkerung; Infrastrukturelle: öffentliche Verkehrsmittel, Einkaufsmöglichkeiten, Schulen, Ausnützungsziffern, Lärmimmissionen.

Nach diesen Darlegungen fährt er fort: »Oft hört man die Ansicht, der freie Markt bestimme den Immobilienpreis, was bedeuten würde, dass die Koordination von Angebot und Nachfrage preisbildend sei. Diese Ansicht stimmt in ländlichen Gebieten, aber im Wohnungsmarkt der Städte gibt es meistens keinen freien Markt. Der Anbieter kann den Preis setzen, weil dort eine Übernachfrage existiert. Zu beachten ist auch der Einfluss von Erschliessungen auf die Bodenpreise. Dadurch wird das Angebot an baureifem Land vergrössert, was temporär eine preisdämpfende Wirkung entfalten kann. Mit dem Thema ›Bauland-Erschliessung‹ sind wir bei einem weiteren Problem angelangt, nämlich der Frage, ob und wie ein Ausgleich für erhebliche Vor- und Nachteile, die durch Planungen entstehen, finanziell behandelt werden sollen.«

Er räuspert sich, rückt sich auf seinem Stuhl zurecht und alle erwarten nun von ihm eine professorale Abhandlung über den Eigentumsbegriff. Doch weit gefehlt. »Ich will mich nicht theoretisch auslassen, aber einleitend Folgendes: Selbstverständlich gilt in unserer Gesellschaft, dass verfassungsmässig das Eigentum garantiert ist, und dies gilt auch für das Eigentum am Boden. Im seit 1969 geltenden Bodenrecht ist zusätzlich stipuliert, dass die Eigentumsfreiheit und die öffentlichrechtlichen Nutzungsvorgaben gleichbehandelt werden. Und im Weiteren ist auf Gesetzesebene eine haushälterische Nutzung des Bodens gefordert.«

Isabelle Holderer sieht sich in Ihrer Einschätzung bestätigt, dass Franz ein sehr praxisorientierter Gelehrter ist. Dies hat nicht nur mit seinem Äusseren zu tun, das eher an einen Buchhalter erinnert, sondern mit ihren Einschätzungen über das von ihm Publizierte, oder zumindest das, was sie davon gelesen hat. Als Vorbereitung auf diesen Think-Tank hat sie einige seiner Schriften gelesen. Auch wenn es ich um juristisch-ökonomische Sachfragen handelte, waren diese für sie als Journalistin und Nicht-Juristin gut lesbar.

Nina unterbricht Isabelle in ihren Gedanken mit den Worten: »Aber ist es nicht so, dass der Boden wie Wasser und Luft als essentielle Lebensgrundlagen eigentlich uns allen gehören sollten?« Dabei sieht sie herausfordernd Franz an in der Hoffnung, dieser könne aus Gelehrtenoptik zu diesem Fundamentalgedanken ebenfalls Grundlegendes beitragen.

»Neben dem, was ich vorhin unter dem Gesichtspunkt der Marktwirtschaft von mir gab, gibt es auch noch eine grundlegende Sichtweise,« nimmt Franz den Ball auf und fährt fort: »Es stellt sich die ethische Frage, ob der Handel mit Boden denselben marktwirtschaftlichen Grundmechanismen unterliegen soll wie Handelsgüter. Im Grunde genommen haben die Bodenbesitzer eine Monopolstellung, denn der Boden kann grundsätzlich nicht vermehrt werden. Da die Nachfrage steigt, steigen auch die Bodenpreise und der Besitz von Boden wird zu einer sicheren Kapitalanlage. Da zudem die Investitionen der öffentlichen Hand in die Infrastruktur wie in Strassen, Schulen, öffentlicher Verkehr, Krankenhäuser usw. wertvermehrend auf die einzelne Parzelle auswirkt, wird der Boden auch zu einem Spekulationsobjekt. Diese hohen Bodenpreise rufen dann auch Politiker auf den Plan, die, dem Gerechtigkeitsgedanken verpflichtet, nach einem Ausgleich rufen. Damit sind wir beim Thema einer Abschöpfung der hohen Bodenrente durch die Allgemeinheit. Die zentrale Begründung dabei ist, dass die durch Steuergelder finanzierten Investitionen zu einem höheren Bodenpreis geführt hätten und dieser hohe Preis dürfe nicht alleine den Bodenbesitzenden überlassen werden.«

Diese Optik, mit viel Verve von Franz vorgetragen, zeigt, dass auch er der Meinung ist, über die Bodenrente und deren zumindest teilweise Abschöpfung müsse diskutiert werden. Seine Darlegung relativiert er aber sogleich in einem Punkt. »Ich habe vorhin gesagt, der Boden sei grundsätzlich nicht vermehrbar. Dies stimmt eben nur ›grundsätzlich‹, denn in der Realität kann durch Einzonungen oder durch die Änderungen der kommunalen Bauordnungen ›der Boden vermehrt werden‹ – beispielsweise durch Umzonungen von ›Wohnen 2 in Wohnen 3‹, was den Bau von 3-stöckigen anstatt von 2-stöckigen Liegenschaften ermöglicht.«

Nina gibt ihrer Freude und Unterstützung für Franz' Darlegungen Ausdruck mit den Worten: »Das ist ja genau mein Anliegen. Es muss eine klare Begründung vorliegen, um gegen die ungerechtfertigten Preissteigerungen vorzugehen. Ich habe das ja erlebt bei unserem Hausverkauf. Innerhalb relativ weniger Jahre hat unser Haus eine hohe Wertsteigerung erfahren – ohne unser Dazutun. Das finde ich asozial und ich erwarte, dass wir hier in unserem Diskussionskreis eine Lösung zumindest zur Verringerung dieses Problems beitragen können. Dass diese Immobilien-Preissteigerungen kein Ende haben, zeigen die neuesten Zahlen. Im letzten Jahrzehnt stiegen die Eigenheimpreise in Schweizer Städten zwischen 11 und 88 Prozent und die Preise entwickeln sich in derselben Richtung – bei gestiegenen Zinskosten, wohlgemerkt. Damit wird es noch einmal schwieriger, sich ein Eigenheim oder eine Eigentumswohnung zu erwerben.«

Isabelle, die in einer Mietwohnung lebt, doppelt nach: »Dieser Mechanismus schlägt dann eben auch auf den Wohnungs-Mietmarkt durch, mit dem Resultat steigender Mieten zugunsten der Bodenbesitzenden und Spekulanten. Ich rechne es dir hoch an, Nina, dass du als Bodenbesitzende diese Zusammenhänge siehst und als Profiteurin dieses System mit uns nach einer gerechteren Lösung suchen willst.«

Makler-Zwist

Die Maklerin ist sichtlich beruhigt nach der Aufklärung durch Nina Meili, begründet aber ihre Aufgeregtheit auch damit, dass Dubach das zum Kauf anstehende Meili-Haus auch auf seiner Homepage aufschaltete, was absolut nicht angehe. Dubach hätte sogar die Frechheit gehabt, ihr einen Fifty-Fifty-Vorschlag zu unterbreiten, was sie gänzlich in Rage versetzt habe. Und sie ergänzt: »Zudem hatte er gesagt, er hätte auch einen Vertrag mit Ihnen. Was ist da dran?«

Think-Tank Bodenpolitik 3: Eigentumsförderung

Nach der Pause macht Nina Meili das nächste zu diskutierende Thema beliebt: »Lasst uns nun über die oft gestrittene Eigentumsförderung diskutieren. Lucas, wie wird auf Bundesebene diesem Begriff nachgelebt?«

Man sieht Lucas an, dass er sich auf die Darlegung seines Wissens über diesen Sachverhalt freut. »Auf Bundesebene wurde zwar 2003 ein neues Wohnraumförderungsgesetz verabschiedet,« beginnt er mit Elan. »Das Hauptinstrument, die Darlehen an Bauträger, die preisgünstige Wohnungen schaffen, wurde aber überhaupt nie in Kraft gesetzt. Über einen solchen Hebel hätten primär günstigere Mietwohnungen erstellt werden können. Ob damit auch eine breitere Streuung des Wohnungseigentums hätte erzielt werden können, hätte die konkrete Ausgestaltung der Ausführungsbestimmungen zeigen müssen. Ich denke, politische Bestrebungen müssten zum Ziel haben, in erster Linie Wohnbaugenossenschaften zu unterstützen, denn deren Gewinne fliessen allen Genossenschaftern zu und eine Eigentumsförderung auf Bundesebene über eine Erleichterung der Zugänglichkeit von BVG-Geldern hat kaum grosse Wirkung. Eine andere Möglichkeit wäre die Bevorzugung von langjährigen Mietern über ein Vorkaufsrecht, was ebenfalls eine nur marginale Ausweitung der heutigen Eigentumsquote von knapp 40 Prozent zur Folge hätte. Das Thema einer breiten Förderung des sozialen Wohnungsbaus wurde in der Schweiz auch erkannt und zu diesem Zweck ein eigener Fonds, den bereits erwähnten Fonds de Roulement, geschaffen. Um aber eine nachhaltige Wirkung auf dem Mietmarkt erzielen zu können und zu markant tieferen Mietzinsen Wohnungen anbieten zu können, sind die Beiträge zu gering. Es müssen deshalb andere Lösungsansätze diskutiert werden und ich bin deshalb sehr froh, dass wir in diesem Think-Tank frei von der Leber neue Ansätze diskutieren können.«

Erwartungsvoll sieht er Isabelle an, die ja die Genossenschaftssituation in der Schweiz einleitend dargestellt hatte.

»Selbstverständlich bin ich der Überzeugung, die finanzielle Unterstützung der Wohnbaugenossenschaften mit öffentlichen Geldern sei eine effiziente und effektive Massnahme zur Förderung des sozialen Wohnungsbaus,« ergänzt sie. Die zentrale Frage ist diejenige nach der Herkunft der finanziellen Mittel für …«

Isabelle wird unterbrochen von Nina, die fragt, ob nicht die Steuererträge gezielt für Massnahmen zur Senkung der Wohnungsmieten eingesetzt werden könnten. Zudem hat sie noch eine Frage zur Wirkung des von Lucas erwähnten Einsatzes von BVG-Geldern: »Haben diese nicht auch eine preistreibende Wirkung auf den Bodenmarkt?«

Es ist nun wiederum an Franz, mit etwas Theorie Ordnung in die Diskussion zu bringen. »Wenn wir von Steuererträgen reden, dann gehe ich davon aus, dass es sich um Grundstückgewinne handeln soll. Auf Bundesebene werden nur Grundstückgewinne von Unternehmen besteuert. Veräussern hingegen Privatpersonen Immobilien mit Gewinn, hat dies auf Bundesebene keine Steuerfolgen. Ein Ansatzpunkt wäre demzufolge, bei den Kantonen vorstellig zu werden und die Grundstückgewinne für die finanzielle Unterstützung des gemeinnützigen Wohnungsbaus vermehrt einzusetzen.«

Es ist Franz anzusehen, dass er sich in der Rolle des ›Theoretischen Gewissens dieses Think-Tanks‹ sieht und er ergänzt kompetent zur Preiswirkung von BVG-Geldern auf die Bodenprise: »Die Annahme, die Anlage der Gelder der beruflichen Vorsorge in Grundstücke sei eine wesentliche Ursache für die Preisentwicklung auf dem Boden- und Liegenschaftsmarkt kann nicht wissenschaftlich belegt werden.

Vielmehr bestehen Indizien für die Annahme, dass die Preisentwicklung auf dem Boden- und Mietmarkt im Wesentlichen mit der grösseren Nachfrage nach dem nicht vermehrbaren Boden und den höheren Baukosten zu erklären ist.«

Makler-Ärger

Nun ist es an Nina Meili sich zu ärgern. »Wir hatten überhaupt keinen Vertrag mit diesem Makler! Wir hatten eine Vereinbarung unterschrieben, dass wir Interesse an seiner Datenbank hatten und dass er dies nun Ihnen gegenüber als ›Vertrag‹ deklariert, ist ja schon ein starkes Stück!«

Think-Tank Bodenpolitik 4: Mehrwert-Abschöpfung und Rolle der Gemeinden

Nach einem Unterbruch von 4 Wochen begrüsst Nina und macht beliebt, ein weiteres Thema zu diskutieren: »Soll der Mehrwert von eingezontem Bauland durch die Gemeinden abgeschöpft werden? Lucas, was wurde zu diesem Thema in Bern besprochen und entschieden?«

Lucas geniesst seine Rolle als ›Bundesbern-Experte‹ und erläutert: »Generell wird eine aktivere Rolle der Kommunen auf dem Bodenmarkt gewünscht. Das Gemeinwesen soll im Sinne einer möglichst breiten Streuung des Wohneigentums als Zwischenerwerber von Boden auftreten, d. h. Baugrundstücke erwerben, sie zügig erschliessen und sie hernach an Private weitergeben. Eine solche Grundhaltung dokumentiert den Willen zur staatlichen Eigentumsförderung und mit einer solchen Verhaltensweise gibt es reale Chancen, tatsächlich Grundeigentum erwerben zu können.«

Er fährt fort, indem er auf einen Parteikollegen hinweist, der sich in einem Stadt-Parlament für bodenpolitische Fragen engagiert. Dort wird eine Bodenpolitik für kommende Generationen gemacht, denn es wird kein Land mehr verkauft, sondern dieses wird nur noch im Baurecht abgegeben. Viele andere Städte und Gemeinden verfolgen dieselbe Strategie – ohne politischen Auftrag oder initialisiert durch Initiativen.

Darüber hinaus kann eine Gemeinde sich aktiv in den Landhandel einbringen. Ein sehr gutes Beispiel dafür ist die Stadt Zürich. Dort sind mehrere Leute angestellt, die nichts anderes machen als den Liegenschaftsmarkt zu bearbeiten. Hauptaufgabe ist, bei Handänderungen mitzubieten und Abbruchliegenschaften zu erwerben, um auf dem erworbenen Land Wohnungen zu erstellen, die auf der Basis von Kostenmiete abgegeben werden. Für den zuständigen Stadtrat ist dies

aus formalen Kompetenzgründen deshalb attraktiv, weil kein langwieriges Bewilligungsprozedere notwendig ist, denn der Kauf von Liegenschaften hat keine Auswirkung auf das städtische Vermögen; es handelt sich buchhalterisch um einen Aktivtausch: flüssiges Vermögen wird in Real-Vermögen getauscht.

»Dieses Beispiel sollte vermehrt Schule machen«, ergänzt Lucas und fährt fort: »Ein an die Zukunft denkender Stadt- oder Gemeinderat sollte in der Liegenschaftsabteilung nicht nur einen Verwalter, sondern auch einen Makler anstellen. Dieser ist im Markt aktiv und bringt sich als Käufer für die Stadt/Gemeinde ein. Damit eine solche Professionalisierung funktioniert, müsste ein Makler wohl von mehreren kleineren Gemeinden gemeinsam beauftragt werden, indem sich mehrere Gemeinden zusammenschliessen und über einen Makler Land für die öffentliche Hand erwerben. Dieses wird dann im Baurecht an gemeinnützige Wohnbauträger (Genossenschaften, Stiftungen u. a. rechtliche Konstrukte) abgegeben, oder die Gemeinden können selber bauen und maximal zur Kostenmiete vermieten.«

Zum Schluss weist Lucas noch auf die kantonale Ebene hin: »Die Kantone müssten ihre Steuergesetze dahingehend ändern, dass die Grundstück-Gewinnsteuer nicht mehr in die allgemeinen Steuereinnahmen fliessen, sondern neu in einen Grundstück-Gewinnsteuer-Fonds – oder zumindest eines Teils dieser Gewinnsteuern. Dieser Fonds ist dann das Vehikel für den gemeinnützigen Wohnungsbau. Dies hätte dann allerdings zur Konsequenz, dass die öffentliche Hand ihr Budget ohne Grundstück-Gewinnsteuern machen müsste, was vielfach eine Erhöhung des Steuerfusses zur Folge hätte.«

Ganz zum Schluss erwähnt er noch eine Option: Dem Liegenschaftsverkäufer könnte eine reduzierte Gewinnsteuer angeboten werden, wenn er an die öffentliche Hand verkauft. Das Modell könnte so austariert werden, dass der Verkauf an die öffentliche Hand immer rentabler ist als der Verkauf an einen institutionellen Anleger oder an einen Privaten.

Nörglerische Kauf-Interessierte

Nina Meili wird sich bewusst, in was für ein Wespennest sie und ihr Mann sich mit Ihrem Entscheid, das Haus nicht selber, sondern über einen Makler oder eine Maklerin zu verkaufen, begeben haben. Für sie überwogen beim Entscheid die Vorteile einer professionell erstellten Verkaufsdokumentation, die Organisation der Besuche der Interessierten, die Erstellung eines notariatstauglichen Kaufvertrags und die Aufschaltung auf die zwei grössten Internetplattformen sowie die Beantwortung der davon ausgehenden laufenden Anfragen. Sie zweifelten auch an ihrer Geduld, den doch oft langwierigen Verkaufsprozess friktionslos durchzustehen. Hinzu kommt, dass sie von Bekannten vernommen hatten, dass Interessenten an deren Liegenschaft, die sie ebenfalls verkaufen wollten, herumnörgelten. Das verletzte diese Hausbesitzer, denn sie hingen an Ihrem Haus und sie meinten, die Nörgelei sei wohl ein taktisches Verhalten gewesen, um den Preis zu drücken.

Auch wenn Meilis erfahren hatten, dass in Inseraten von Maklern zu sehr übertrieben wird, was die Beschreibung einzelner Verkaufsobjekte anbelangt, wie die Lage oder die Renovationsnotwendigkeit, wussten sie ja, dass sie sich Einsicht in die Inseratengestaltung ausbedingen würden und sie entschieden sich dann für eine Maklerunterstützung.

Think-Tank Bodenpolitik 5: Eigentumsförderung, Quantitäten und Abschöpfung der Bodenrente

Nina Meili eröffnet die heutige Zusammenkunft mit den Worten: »Anlässlich des letzten Treffens hatten wir über die Eigentumsförderung auf der Ebene des Bundes diskutiert und abgemacht, dass heute die Eigentumsförderung auf kantonaler Ebene besprochen werden soll. Du, Isabelle, hast dich über diese Gegebenheiten informiert; wir sind ganz neugierig, was deine Recherchen ergeben haben.«

Isabelle erklärt: »Aktuell bieten die folgenden Kantone eine Wohnbau-/Eigentumsförderung an: Die beiden Basel, Genf, Neuenburg, Nidwalden, Waadt, Wallis, Zug, Zürich. Zusammenfassend werden die folgenden Unterstützungen angeboten: Bausparprämien, wobei die Begrenzungslimite bei 20.000 Franken liegt; bei Mietwohnungen kann es Ergänzungen geben durch eine kantonale Verbilligung der Miete; Förderung von Organisationen, die sich für den gemeinnützigen Wohnbau einsetzten; Gemeinnützigen Bauträgern wird geeignetes Land im Baurecht bevorzugt abgegeben; Wohnbaugenossenschaften werden zudem mit Bürgschaften, Darlehen und steuerlichen Erleichterungen unterstützt; Förderung in denjenigen Gemeinden mit spezifischen Problemstellungen des Berggebiets sowohl für Neubau als auch für Renovationen; Förderung des Baus und die Erneuerung von preisgünstigem und altersgerechtem Wohnraum; Gewährung von Darlehen für die Realisierung von günstigen Wohnungen; Förderung der Entwicklung und Bereitstellung von günstigen Mietwohnungen für Personen mit einem geringen Einkommen mittels zinslosen Darlehen. Dies ist eine breite Palette an Instrumenten ...«

Franz unterbricht sie und meint: »Ja, die Angebote zur Eigentumsförderung sind vielfältig, ändern aber nichts daran, dass in der Schweiz die Eigentumsquote seit Jahren stabil bei lediglich rund 40 Prozent liegt. Seit Jahren haben wir auch eine hohe Zuwanderung, vor allem bedingt durch den freien Personenverkehr. Auch von dieser Seite haben wir einen Nachfragedruck bei Wohnungsknappheit mit steigenden Mieten und steigenden Preisen auf dem Häusermarkt.«

Isabelle nickt zustimmend und fährt fort, indem sie fragend Nina anschaut: »Was ich vorhin nicht erwähnt habe, aber in diesem Kontext auch relevant ist, ist die Frage nach der Bedeutung eines weiteren Instruments zur Eigentumsförderung, nämlich die Einführung eines Vorkaufsrechts für bestimmte Bevölkerungsgruppen.«

»Lassen wir dieses Thema vorerst, Isabelle,« beantwortet Nina Isabelles Hinweis. »Vorerst möchte ich das Instrument einer Steuer diskutieren, denn darüber müssen wir auf jeden Fall reden. Danach können wir entscheiden, über welche andere Themen wir uns auch noch austauschen können. Einverstanden?«

Lucas interveniert: »Zum Thema der Eigentumsförderung möchte ich noch etwas sagen und dabei auf meinen früher vorgebrachten Punkt der Bodenpolitik der Gemeinden durch Kauf von Boden und bereits überbauten Grundstücken zur Förderung des sozialen Wohnungsbaus zurückkommen – oder durch die Gewährung eines Vorkaufsrechts an die Kommunen. In diesem Zusammenhang wird immer wieder die Frage gestellt, wie diese denn tiefere Mieten anbieten können, denn die Landpreise und die Baukosten sind für alle gleich hoch, ob nun die öffentliche Hand oder Private Investoren bauen. Die Antwort liegt in Folgendem: Entscheidend sind die Zinskosten. Die öffentliche Hand kann sich aktuell zu einem tieferen Zinssatz verschulden, was sich in einer tieferen Miete niederschlägt.«

Nach diesem Einschub bittet Nina Franz zur Frage einer möglichen Steuer den theoretischen Rahmen abzustecken.

Dieser lässt sich nicht zweimal bitten und schiesst los: »Relevant sind die Grundstück-Gewinnsteuern. Diese werden fällig, wenn eine

Grundeigentümerin ihr Grundeigentum, sei es ein Haus oder eine Wohnung oder eine Liegenschaft, verkauft. Diese Steuer ist kantonal unterschiedlich geregelt. Jährlich erzielen Immobilien- und Bodeneigentümer schweizweit Gewinne in Milliardenhöhe. Über die Preisbildungselemente haben wir bereits diskutiert. Besonders wichtig sind nicht nur die Preissteigerungen aufgrund der steigenden Nachfrage, sondern auch die Steigerung der Land- und Immobilienwerte durch steuerfinanzierte Investitionen in die Infrastruktur, wie ebenfalls bereits erwähnt.

Und zum Grundsätzlichen auch noch Folgendes: Ein weiteres Mittel, auf den Bodenmarkt einzuwirken, sind die Vermögenssteuern. Da der Bund seit 1959 für die natürlichen Personen keine Vermögenssteuer mehr kennt, ist diese seither ausschliesslich Sache der Kantone und Gemeinden. Ich denke, dies ist wichtig für unsere folgenden Diskussionen, denn wenn es in der Bodenpolitik um Steuern geht, sind primär die Kantone und Gemeinden Adressaten.«

Und zu Lucas zugewandt: »Du, Lucas, könntest uns berichten, was auf Bundesebene zu diesem Thema diskutiert und beschlossen wurde – obwohl es ja in diesem Bereich keine Bundessteuer gibt. Die Politik hat aber zumindest im Rahmen der Eigentumsförderung auch über steuerliche Aspekte debattiert.«

Lucas nimmt den zugespielten Ball gerne auf und berichtet über einen Vorstoss, bei dem es um Quantitäten ging. Auf die Frage, wie hoch der Bundesrat die jährlichen Planungsgewinne durch Ein- und Aufzonung schätze, musste dieser eingestehen, dass er nicht über ausreichende Informationen verfüge, um die jährlichen Planungsgewinne durch Ein- und Aufzonung zuverlässig abschätzen zu können. Er gehe davon aus, dass diese Gewinne stark variieren würden. Für Lucas ist offensichtlich: Der Grundstücksmarkt zeichnet sich neben Knappheit auch durch Intransparenz aus. Dies gilt in den meisten

Kantonen vor allem für die Grundstückspreise. Er ist der Meinung, es liege im Interesse eines funktionierenden Marktes und der Eindämmung der Immobilienspekulation wie auch der Bekämpfung der Geldwäscherei, hier mehr Transparenz zu schaffen – und dies sei eindeutig Bundessache.

Und er fährt fort: »Interessant sind in diesem Zusammenhang die Berechnungen, die die Ökonomen Priska Imboden und Werner Vontobel in der digitalen Zeitschrift Die Republik angestellt haben. Sie schätzen, wie viel Geld die Bodenbesitzenden eingenommen haben für ihren Boden, auf dem die Allgemeinheit wohnt, arbeitet, Sport treibt oder einkauft. Dazu gibt es keine offiziellen Zahlen. Deshalb haben sie versucht, diese Zahlen zu ermitteln. In ihrer Schätzung kommen sie auf 90 Milliarden Franken jährlich. Das ist die Bodenrente, ein Einkommen also, das den Besitzenden des Bodens zufliesst, ohne dass sie dafür de facto eine Leistung erbracht haben.«

»Das ist ja erstaunlich«, entfährt es Nina. »Ich weiss als ehemalige Hausbesitzern, wie dieser Teil unserer Gesellschaft zu Geld kommt, dass es aber in diesem Ausmass der Fall ist, erstaunt mich doch. Und erstaunt bin ich auch, um nicht zu sagen entrüstet, dass der Bund über diesen Geld-Generierungsmechanismus keine statistischen Kenntnisse hat.«

Ihre Empörung ist ihr sichtlich anzusehen. Wie Mutter Helvetia steht sie vor Ihrem Stuhl, hochgetrieben durch den soeben erlebten Adrenalin-Impuls, die Arme in die Lenden gestemmt und energisch fordernd: »Das ist des Pudels Kern: Wir müssen einen Mechanismus finden, der diese Gelder sinnvoll in unserer Gesellschaft im Sinne einer breiten Eigentumsförderung zum Tragen bringt.«

Auch Isabelle ist erstaunt über den soeben gehörten Betrag. Und sie denkt beinahe reflexartig an Genossenschaften. Eine Lösung sieht sie aber spontan nicht.

Lucas freut sich über die Wirkung seiner Worte und stellt die beinahe sarkastisch wirkende Frage: »Soll ich noch in die Details gehen?«

Franz gibt ihm die passende Antwort, indem er – beinahe emotionslos – die jetzt vorliegenden Elemente zusammenfügt: »Wir haben einen preisausufernden Liegenschaftsmarkt, wir haben hohe Erträge bei den Grundbesitzenden, wir haben über alle politischen Instanzen hinweg die deklarierte Absicht einer breiteren Wohn-Eigentumsstreuung, wir haben hohe Investitionen der öffentlichen Hand zur Erschliessung der eingezonten Quartiere und damit zur Wertsteigerung der privaten Grundstücke – und wir haben unseren Think-Tank mit dem Ziel, einen Lösungsweg aufzuzeigen. – Wir haben ja alles, was wir brauchen!« Sein runder Kopf glüht vor Eifer und sein breites Grinsen erweckt beinahe den Eindruck, als hätte er eine Lösung in seinem runden Schädel.

»Eine Lösung muss über eine Abschöpfung der Bodenrente gehen«, sagt Lucas mit tiefer Überzeugung. In Bundesbern sei eine solche vom Bundesrat abgelehnt worden, ergänzt er. Das Argument sei die Steuerhoheit, die bei den Kantonen und den Gemeinden liege.

Und Isabelle ergänzt, beinahe trotzig: »Dann machen wir uns Gedanken über einen kantonalen Lösungsansatz – kommunale Lösungen wären ja wohl zu aufwändig.«

Darauf interveniert Franz mit dem Hinweis, im Kanton Zürich gäbe es bereits eine kantonale Bodeninitiative, nämlich die im Jahr 2023 lancierte ›Volksinitiative für mehr günstige und gemeinnützige Wohnungen (Wohnungsinitiative)‹. Mit dieser Initiative soll der Kanton und die Gemeinden über die Kantonsverfassung beauftragt werden, für mehr günstigen, gemeinnützigen und klimafreundlichen Wohnraum zu sorgen. Kernstück der Volksinitiative ist die Schaffung einer kantonalen Wohnbaugesellschaft. Ausgestattet mit einem Startkapital von 500 Millionen Franken sowie mit geeigneten Grundstücken und Wohnungen, die der Kanton heute schon besitzt, wird mit der Wohnbaugesellschaft eine Einrichtung geschaffen, damit dringend benötigter bezahlbarer Wohnraum entstehen kann.

Isabelle ergänzt Franz mit dem Hinweis auf die Stadt Bülach. Dort haben die Stimmberechtigten einer Bodeninitiative ›Boden für die kommenden Generationen‹ an der Urne zugestimmt. Die Gemeindeordnung sieht dank dieser Initiative vor, dass Grundstücke im Eigentum der Stadt Bülach verbleiben sollen und dass Grundstücke Dritten zur befristeten Gebrauchsüberlassung (beispielsweise Baurecht, Miete) zur Verfügung gestellt werden können.

Franz' Kommentar zur erwähnten kantonalen Initiative: »Von der Zielsetzung her geht diese Initiative in die richtige Richtung und von der Trägerschaft her lehnt sich diese Initiative an die ZKB und die EKZ an, die durch den Staat kontrolliert sind. Unklar ist aber die Finanzierung. Hier sollten wir ansetzen …«

»Ja, genau.« Unterbricht ihn Nina. »Mir ist diese Initiative auch bekannt. Mir schwebt aber nicht eine staatliche Lösung vor, sondern Private sollten die Chance erhalten, gemeinnützige Wohnungen zu erstellen und zu verwalten, denn meiner Meinung nach müsste auch in diesem Bereich ein minimaler Wettbewerb zum Tragen kommen.«

»Und noch etwas zu den Quantitäten«, ergänzt Lucas. »Gemäss Tages-Anzeiger wechseln in der Stadt Zürich jährlich im Gesamtwert von rund 8 Milliarden den Eigentümer. Dies zeigt die immensen Summen, die im Liegenschaftsmarkt gesamtschweizerisch umgesetzt werden. Auch in der Förderung des sozialen Wohnungsbaus ist diese Stadt sehr aktiv, denn im Budget 2024 hat der dortige Stadtrat 500 Millionen für den Landerwerb eingesetzt.«

Zurückkommend auf die offene Frage der Rechtsform ihrer angestrebten Lösung ergänzt Isabelle. »Meiner Meinung nach müsste die

Trägerschaft genossenschaftlich organisiert sein und mehrere Genossenschaften können durchaus in einem Wettbewerb zueinander stehen.«

Alle schauen nun auf Lucas, der sich ja noch nicht geäussert hat. »Dann erwartet ihr nun von mir, dass ich euch das ›Ei des Kolumbus‹ auf den Tisch lege, nicht wahr?« Er macht einen leicht irritierten Eindruck, denn offensichtlich ist die Diskussion für ihn zu früh in einem scheinbaren finalen Zustand. Dabei hat er doch so viele zu diskutierende Themen aufgelistet.

Sein Hinweis, sie hätten aber doch einige Punkte noch nicht diskutiert, die auch wichtig sein könnten, kontert Franz: »Wir haben doch alle relevanten inhaltlichen Elemente beisammen. Für mich offen ist die Frage, ob wir einen Lösungsansatz auf kantonaler Stufe sehen oder auf kommunaler. Mein Vorschlag ist auf Gemeindeebene, denn dort fallen die Steuererträge an und die Verwendung der vereinnahmten Gelder aus der Grundstück-Gewinnsteuer ist für jede einzelne steuerzahlende Person direkt sichtbar. Damit wäre viel Motivation für eine solche Lösung gewonnen. Selbstverständlich ist die Festlegung der Höhe der Steuer ein abendfüllendes Thema.«

Für Nina ist der Moment gekommen, hier die Besprechung zu unterbrechen. »Lasst es für den Moment gut sein. Wir haben vieles beisammen und ich denke, jedes von uns kann sich bis zum nächsten Treffen Gedanken über das weitere Vorgehen machen – dies als Hausaufgabe. Ich danke euch und wir sehen uns in einem Monat wieder. Gute Heimreise!«

Die Maklerbranche sollte zertifiziert sein

Im Weiteren hatten sie auch die Frage geklärt, wer die Maklerprovision zu bezahlen habe – sie als Verkäufer oder die Käuferschaft? Da Frau Burch in ihrem Auftrag arbeitet, ist sichergestellt, dass sie die Interessen von ihnen als Verkäufer nach bestem Wissen und Gewissen vertreten und ihr Haus zum bestmöglichen Preis verkaufen würde.

Dass der Maklermarkt mit Anbietern übersättigt sein muss, war ihnen schnell klar. Zu viele Flyers unterschiedlichster Anbieter flatterten in ihren Briefkasten. Offenbar muss es sich finanziell lohnen, sich in diesem Markt zu engagieren. Eine breite Unterstützung wird auch im Internet angeboten. Nicht nur Regionen bezogene Empfehlungen von Maklern werden angeboten, sondern auch mit Maklerbewertungen sollen willige Verkäufer von den Maklerdiensten überzeugt werden. Und auch Banken wollen sich nicht von diesem Wettbewerb fernhalten, denn über das Kuppelprodukt ›Hypothek‹ sehen sie für sich ganz besonders einträgliche Marktchancen.

Die Übersättigung des Marktes ist das eine. Wie sich aber der Verdrängungskampf für Verkäufer manifestiert, ist doch erstaunlich. Als Emil Dubach realisierte, dass er mit seiner Masche, unser Gespräch mit ihm und die ihm gewährte Unterschrift mehr als grosszügig zu interpretieren, bei Cäcilia Burch abblitzte, wurde er gegenüber ihr gar ausfällig,

wie sie uns später schilderte. Es ist offensichtlich ein Mangel in dieser Branche, dass kein Zertifikat vonnöten ist, diesen Beruf ausüben zu können. Jedermann kann sich Makler nennen, ohne vorgängige Minimalausbildung geleistet zu haben. Im Non-Profit-Bereich gibt es das ZEWO-Zertifikat, das für Direktinvolvierte eine vertrauensbildende Wirkung hat. Gäbe es ein Makler-Gütesiegel mit vom Maklerverband verabschiedeten Standards, würde dies das Makleransehen stärken und potentiellen Verkäufern eine gewisse Sicherheit bezüglich Fachkompetenz, Integrität und Stellvertretungsregelung vermitteln.

Gäbe es ein Makler-Gütesiegel, dann müssten sich die Makler wohl auch bei der Rechnungsstellung an landesübliche Massstäbe halten. Für den Verkauf einer Liegenschaft mandatierte Makler haben die Gewohnheit, ihr Honorar beim Notariat anzumelden. Dabei sorgen sie dafür, dass der Kaufvertrag auch schon deren Maklerhonorar ausweist. Offenbar hatten in der Vergangenheit die Makler zu oft hinter ihrem mit der Verkäuferschaft abgemachten Honorar hinterherrennen müssen – und bei den Notariaten sind sie auf hilfsbereite ›Vollzugsorgane‹ gestossen …

Think-Tank Bodenpolitik 6: Eine neue ›Bodenformel‹

Franz hat die Zwischenzeit gut genutzt und sich Gedanken gemacht über eine neue Formel zur Abschöpfung der Bodenpreissteigerungen. Er ist überzeugt, dass bodenpolitische Entscheide auf die tiefste politische Ebene in unserem Staatsgefüge gehören, weil dezentrale Entscheide am bürgernächsten sind – und dies gilt ganz besonders, wenn es ums Geld geht. Eckdaten einer solchen Formel sind die existierenden Landpreise, eine Abschöpfung der gestiegenen Preise und eine genossenschaftliche Organisationsstruktur, weil die einmal realisierten Gewinne im Unternehmen bleiben.

Nina begrüsst zur heutigen Diskussion und bedankt sich bei Franz für seinen Entwurf einer Bodenpreis-Formel, die er uns allen per Mail zugestellt hat. Offenbar will sie als Moderatorin, dass ganz grundsätzlich diskutiert wird und negiert, dass bereits digitale Diskussionen über Franz' Entwurf stattgefunden haben.

»Ich schlage vor, dass wir Franz vorerst Verständnisfragen stellen«, startet sie die heutige Veranstaltung.

Lucas äussert sich als erster mit dem Hinweis, dass er mit Franz bereits gemailt habe, nicht über die Formel, denn diese scheint sehr praktikabel zu sein, sondern über das Thema der kleinen Gemeinden respektive eines möglichen Zusammenschlusses einzelner Gemeinden, um gemeinsam eine Wohnbaugenossenschaft zu gründen und diese über die gemeinsamen Steuererträge zu alimentieren. »Wir beide sind der Meinung, über dieses Thema sei zu diskutieren«, schliesst er.

Isabelle unterstützt diese Formel ebenfalls und auch sie bedankt sich bei Franz für seinen kreativen Ansatz. Wichtig ist für sie die Begründung, wieso wir eine Lösung auf genossenschaftlicher Basis befürworten sollten. Sie liefert auch gleich selber eine wichtige Motivation, indem sie auf eine Studie der Forschungsstelle Sotomo hinweist, die zeigt, dass Nettomieten vergleichbarer Wohnungen im Schnitt 15,4 Prozent tiefer liegen, wenn sie im Rahmen des gemeinnützigen Wohnungsbaus anstatt als konventionelle gewinnorientierte Mietwohnungen gebaut wurden.

Da ihr niemand widerspricht, ist offensichtlich, dass ein vom Think-Tank verabschiedeter Lösungsansatz auf der Organisationsstruktur einer Genossenschaft basieren soll.

Und Nina fährt fort: »Da keine Verständnisfragen zur Formel bestehen, bitte ich dich, Franz, deinen Entwurf doch noch kurz in dieser Runde darzulegen.«

Franz freut die einhellige Akzeptanz und mit Genugtuung erläutert er die Formel:

Zum Zeitpunkt der Annahme des Gesetzes in der jeweiligen Gemeinde zuletzt realisierter m^2-Preis (notariell beglaubigt): P1
Vom Verkäufer aktuell deklarierter und vom Notariat bestätigter m^2-Preis: P2
Anzahl m^2: Q
Steuersatz Abschöpfung Preissteigerung 95%: S1
Steuersatz-Erhöhung 25%: S2
Bisheriger Steuersatz: S3
Formel für die Abschöpfung der Preissteigerung: $(P2 - P1) \times Q \times S1$

Mit dieser Formel wird nur die Preissteigerung besteuert. Hinzu kommt nun noch die Besteuerung des übrigen Verkaufserlöses. Diese lässt sich wie folgt ermitteln: $P1 \times Q \times (S2 + S3)$.

Mit der Erhöhung des bisher gültigen Steuersatzes um 25 Prozent wird ermöglicht, dass die von dieser Besteuerung profitierenden Genossenschaften über ein hinreichend hohes Startkapital verfügen.

Und Franz fährt fort mit dem Hinweis, dass heute die Kantone verpflichtet sind, gemäss gültigem Raumplanungsgesetz für Um- und Aufzonungen zwingend mindestens 20 Prozent dieses Mehrwerts durch die Gemeinden abschöpfen zu lassen. Das Geld dient dazu, Entschädigungen zu finanzieren, die aufgrund einer Rückzonung von Bauland zu zahlen sind. Die Kantone und Gemeinden können das Geld auch für die Gestaltung öffentlicher Plätze und Pärke einsetzen.

»Unsere Formel dient jedoch dazu«, erläutert er weiter, »jeglichen Land- und Immoblienverkauf stärker zu belasten. Dabei geht es darum, die Bodenpreis-Steigerung stark zu besteuern. Diese wird mit der obigen Formel besonders besteuert – nämlich zu 95 Prozent. Selbstverständlich bleibt die Methode der bisherigen Besteuerungspraxis bestehen – mit der Änderung, so mein Vorschlag, dass auch diese um 25 Prozent erhöht wird. Sowohl diese Differenz als auch die Extrabesteuerung der Bodenpreissteigerung fliessen in den Topf zur Förderung des sozialen Wohnungsbaus; der Rest des Steuerertrags verbleibt als Grundstück-Gewinnsteuer bei der Gemeinde.«

Für Franz sind diese Höherbesteuerungen gerechtfertigt, denn die bodenbesitzende Person hat zur Wertsteigerung nichts beigetragen – im Gegensatz zum Staat, der in die Infrastruktur der Gemeinde investiert hat. Eine Abschöpfung planungsbedingter Mehrwerte mit einem zu definierenden Freibetrag – beispielsweise 50.000 Franken – schafft demzufolge einen gerechtfertigten Mehrwertausgleich.

Im Kanton Zürich ist beispielsweise der Steuersatz der Grundstück-Gewinnsteuer progressiv ausgestaltet. Der Satz liegt zwischen 10 und 40 Prozent. Mit zunehmendem Verkaufsgewinn steigt der Steuersatz. Für das oben dargestellte Modell würden in diesem Kanton die jeweils zum Tragen kommenden Steuersätze variabel erhöht.

Nina schaut in die Runde, ob jemand einen sachlichen Einwand oder eine Ergänzung vorbringen möchte.

Isabelle ist noch ein Hinweis auf die Kleinbauern wichtig, und sie berichtet von einer Familie in ihrem Bekanntenkreis, die den gesamten Hof in der Grösse von rund sechs Hektaren aufgaben, als der Bauer das Pensionsalter erreichte. Das Land in der Bauzone wurde verkauft und der Rest verpachtet. Das Bauernhaus blieb in ihrem Besitz und diente der Familie als hypothekenfreier Wohnsitz. Da die Bäuerin kein eigenes AHV-pflichtiges Einkommen hatte, wurde für sie auch nicht in eine Pensionskasse einbezahlt. Hinzu kam, dass auch der Bauer wegen des geringen Ertrags, das dieser kleine Bauernhof abwarf, nur eine geringe Rente erhielt. Zusätzlich belastend für diese Familie war, dass die Tochter relativ spät auf dem zweiten Bildungsweg die Matura erwarb und auf die elterliche Studium-Unterstützung angewiesen war. »Der Rede kurzer Sinn«, beendet sie ihren Hinweis, »ich meine, wir müssten in unserer Formel in Abhängigkeit von der Höhe des Gewinns einen grosszügigen Freibetrag gewähren. Was meint ihr?«

Franz fühlt sich angesprochen und erwidert: »Unsere Formel zielt ja auf die Landpreissteigerung ab Inkrafttreten der neuen gesetzlichen Bestimmungen; diese Steigerung wollen wir beinahe gänzlich abschöpfen. Vom Volumen her wird diese Abschöpfung in den ersten Jahren nicht die grossen Beträge liefern. Wenn eine soziale Note einbezogen werden sollte, dann müsste dies bei der regulären Besteuerung geschehen. Dort könnte ein höherer Freibetrag gewährt werden in Abhängigkeit, wie du vorschlägst Isabelle, von der Höhe der Gewinnsteuer.«

Da sich niemand gegen diese Ergänzung äussert, bedankt sich Nina bei Isabelle für diese Anregung, die so akzeptiert ist.

Lucas meldet sich noch mit einer Bemerkung zu Piketty. Dieser französische Ökonomieprofessor hat sich intensiv mit Verteilungsfragen beschäftigt. Unter Hinweis auf die US-Vermögensverhältnisse – und die schweizerischen Vermögensverhältnisse sind mit diesen vergleichbar –, nehmen das dortige reichste Prozent der Bevölkerung als

Grundbesitzer eine hohe Bodenrente ein. Piketty stellt eine Besteuerung dieser Renten in Relation zu einer Reichensteuer auf den nicht realisierten Kapitalgewinnen, die gut 100 Milliarden Dollar einbringen sollte und meint, die Besteuerung dieser Bodenrente ergäbe einen noch höheren Ertrag.

»Zu Piketty möchte ich noch Folgendes ergänzen«, meint Isabelle. »Er schreibt auch, die Gewinne auf dem Bodenmarkt hätten dazu beigetragen, dass die Vermögen der Reichen stark zugenommen hätten. In der Schweiz ist dies ja ebenfalls zu beobachten. Aus den Zahlen des eidgenössischen statistischen Amtes ist herauszulesen, dass im Jahr 2017 die Gruppe mit den Personen mit einem Vermögen von 10 Millionen Franken und mehr dieses innerhalb von fünfzehn Jahren mehr als verdreifachen konnte.«

Da keine weiteren Wortmeldungen gewünscht werden, fährt Nina mit folgendem Hinweis fort: »Wie ihr ja wisst, haben wir unser Haus verkauft. Beim Liegenschaftshandel gibt es zwei zusätzliche Momente, die beachtet werden müssen und die ich beim Verkauf unseres Hauses sehr direkt erfahren habe. Da sind einmal die Steuerermässigungen in Abhängigkeit von der Wohndauer und zweitens gibt es in den meisten Kantonen einen Steueraufschub, wenn innerhalb einer bestimmten Frist eine neue Liegenschaft erworben wird. Was aber noch viel wichtiger ist, ist die Ermittlung des Verkehrswerts. Und dazu ist mir aufgrund unserer Verkaufserfahrung Folgendes in den Sinn gekommen: Der Verkehrswert ist die Basis für die Berechnung der Grundstückgewinnsteuer. Wenn die Liegenschaft länger als 20 Jahre im Besitz der Verkäuferschaft ist, dann bildet der Verkehrswert vor 20 Jahren die Steuerberechnungsbasis. In unserem Fall war er sehr grosszügig hoch ermittelt worden und daraus ergab sich ein relativ geringer Gewinn und damit logischerweise eine tiefere Steuer. Könnten wir nicht auch fordern, dass auf der heute praktizierten Ermittlung des Verkehrswerts einen Abschlag von beispielsweise 20 Prozent gesetzt werden könnte? Was meint ihr dazu?«

Mit Vehemenz streckt Isabelle auf. »Mit einem solchen Schritt werdet ihr den Hauseigentümerverband auf den Plan rufen. Ich war als Journalistin an einer Gerichtsverhandlung und das Thema war ein Verkehrswert, der aus der Sicht des Verkäufers von der Gemeinde zu tief angesetzt wurde. Die jeweiligen Steuerämter sind in der Ermittlung eines Verkehrswertes vor 20 Jahren nicht frei. Die rechtlichen Grundsätze und die ständige Rechtsprechung müssen immer respektiert und angewandt werden. Ich denke, auf eine Einwirkung des Verkehrswertes sollten wir verzichten.«

Die bisherige zu Tage getretene Einhelligkeit scheint gebrochen und Lucas sieht sich in der Rolle des Vermittlers. »Ich finde, es gibt dazu zwei Aspekte: Erstens wird der Hauseigentümerverband an keinem unserer Vorschläge Gefallen finden – was immer wir auch vorschlagen werden, und wir müssen deshalb keine Rücksicht auf diesen Verband nehmen. Zweitens empfehle ich, keine Berechnungsbasis vorzuschlagen, die nicht eindeutig ist. Die Berechnung eines Wertes, der zwanzig Jahre zurückliegt, wird immer einen gewissen Spielraum offen lassen und zu Diskussionen Anlass geben.«

Und Franz pflichtet dem bei und ergänzt: »Ich denke, wir müssen unseren Lösungsvorschlag als Gesamtpaket darstellen – einerseits die Formel und ergänzend dazu den Hinweis auf die generelle Grundstück-Gewinnsteuer und dabei die vorliegende Berechnung des Verkehrswertes akzeptieren.«

Auch Nina akzeptiert dieses Resultat und gibt das Wort weiter an Lucas, der findet, über die Quantitäten sollte unbedingt noch geredet werden. »Um welche Grössenordnungen geht es da überhaupt?«, fragt er in die Runde.

Es ist nun an Nina, hier einzuhaken. »Ich habe mich zwischenzeitlich beim statistischen Amt schlau gemacht und kann euch dazu Folgendes sagen: Die Gemeinden und nicht die Kantone oder der Bund erheben die Grundstück-Gewinnsteuern. Diese Einnahmen verbleiben bei den politischen Gemeinden. Dies ist auch der wesentliche Grund, wieso wir unseren Lösungsansatz auf Gemeindeebene realisieren sollten, denn damit wären wir am nächsten beim tatsächlichen Geschehen und die Förderung des sozialen Wohnungsbaus ist für die einzelne Person auch am ehesten nachvollziehbar.«

In ihren Unterlagen suchend, ergänzt sie: »Nun zu den Zahlen. Gemäss Statistischem Amt des Kantons Zürich betrug die Grundstückgewinnsteuer im Kanton Zürich zwischen den Jahren 2019 und 2022 durchschnittlich rund 1 Milliarde Franken. Eine stattliche Summe, nicht wahr?«

Ninas Gesichtsausdruck ist eine Mischung aus immer noch vorhandenem Staunen über die hohe Zahl, Entrüstung und Trotz – und dem ungebrochenen Willen etwas gegen die steigenden Bodenpreise zu unternehmen.

Franz nimmt den von Nina zugespielten Ball auf und hat ausgerechnet, dass allein im Kanton Zürich bei einer Erhöhung dieser Grundstück-Gewinnsteuer um 25 Prozent – wie in unserer Formel vorgeschlagen – jährlich 250 Millionen Franken zugunsten des sozialen Wohnungsbaus anfallen würden.

»... und hinzu kämen gemäss unserer Formel weitere Beträge aus der 95-prozentigen Abschöpfung aus der Landpreissteigerung seit der Einführung unseres Modells,« ergänzt Franz und hebt den Zeigefinger mit der Bemerkung: »Wir müssen vorsichtig sein, dass wir keine Doppelzählungen vornehmen, denn in der kantonalen Statistik sind sämtliche Grundstück-Gewinnsteuern enthalten – auch die gemäss unserem Modell. Da unsere Zahlen aber lediglich auf einer Schätzung beruhen, hat dies quantitativ keinen Einfluss.«

Und Isabelle erwartet, dass das Kantonale Amt für Statistik die jetzt vorliegende Excel-Tabelle mit der Spalte ›Grundstück-Gewinnsteuer‹ ergänzen wird mit zwei neuen Spalten ›Davon Abschöpfung bisherige Grundstückgewinnsteuer (plus 25 Prozent)‹ und einer Spalte ›Davon Abschöpfung Zusatzgewinn aus Bodenpreissteigerung (plus 95 Prozent)‹.

Nina beendet die heutige Besprechung mit den Worten: »Wir haben einen Meilenstein erreicht und ich danke euch für eurer Engagement und insbesondere Franz für seinen Formel-Entwurf, der bei uns auf ein zustimmendes Echo gestossen ist. Damit haben wir eigentlich unser gestecktes Ziel erreicht. Ich schlage aber trotzdem vor, dass wir uns anlässlich des nächsten Treffens auch noch über die Aufgaben einer Wohnbau-Genossenschaft in unserem Sinne unterhalten sollten. Und ein letzter Punkt: Wir alle wissen, dass Wohnraum knapp ist und dies einer der Gründe ist, wieso wir diese Bodenpreis-Steigerungen haben. Eklatant ist die Situation in der Stadt Zürich. Deshalb will ich zum Schluss den in dieser Stadt zuständigen Stadtrat zitieren. Leupi sagte im Rahmen eines Interviews Folgendes: ›Zürich braucht mehr Wohnraum, aber ein genügend grosser Teil der Wohnungen, die entstehen, sollte günstig sein.‹ Unsere Formel kann dazu ein Vehikel sein.«

Maklermarkt und schwarze Kassen

Als Nina ihrer Nachbarin, eine Jugendfreundin, vom ›Futterneid‹ in dieser Branche erzählte und den Namen von Dubach erwähnte, versetze dieser Name ihre Zuhörerin in nachdenkliches Staunen und nach einigem Zögern ereifert sie sich: »Diesen Namen habe ich im Zusammenhang mit einem Gerichtsfall gehört!« und beginnt über diesen Fall, bei dem auch schwarze Kassen eine Rolle spielten, zu berichten.

Im Endeffekt ging es um Steuerbetrug und dahinter steckte das Thema von doppelten Preisen bei einem Grundstückverkauf. Dubach war Hauptangeklagter. Ihm wurde vorgeworfen, als Makler mit einem befreundeten Ehepaar, das ein Grundstück verkaufte und einem Käufer, der dieses Grundstück kaufte, zwei unterschiedliche Preise eingefädelt zu haben. Notariell wurde ein tieferer Preis deklariert und die Preisdifferenz hatte der Käufer mit einer Barzahlung an die Verkäufer beglichen, was landläufig als ›Schwarze Kasse‹ bezeichnet wird. Steuerlich relevant ist ein solcher gesetzeswidriger Deal vor allem deshalb, weil die Handänderungssteuer auf dem notariell beglaubigten Preis festgelegt wird. Ist dieser geringer als der effektiv vereinbarte und bezahlte, fallen bei den Verkäufern weniger Steuern an.

»Wieso haben denn die Steuerbehörden von diesem Deal erfahren?«, will Nina von ihrer Nachbarin erfahren, »geheime Preisabsprachen bleiben doch geheim, weil doch beide Parteien davon profitieren. Und was der Staat nicht weiss, kann er nicht untersuchen und auch nicht anklagen«.

»Der Grund liegt wohl darin«, entgegnete die Jugendfreundin, »dass der Notar wegen der hohen Provisionsgebühr von drei Prozent misstrauisch wurde.« Er habe die beiden Parteien je zu einem Gespräch eingeladen. Da deren Aussagen nicht übereinstimmten, initialisierte er eine Untersuchung.

Think-Tank Bodenpolitik 7: Förderung des sozialen Wohnungsbaus und Umsetzung der Boden-Formel

Nina begrüsst zur nächsten Zusammenkunft mit den Worten: »Ich habe euch per E-mail einen Entwurf eines Aufgabenbeschriebs für eine Wohnbau-Genossenschaft zugestellt und bitte euch um kritische Bemerkungen dazu.«

Lucas nimmt die Einladung an mit der Bemerkung: »Ich finde eine heutige Wohnbau-Genossenschaft muss sich auch um eine ökologische Bauweise kümmern und schlage deshalb eine entsprechende Ergänzung deines Entwurfs vor.«

Und Isabelle macht den Vorschlag, nicht nur von Wohnbau-Genossenschaft zu reden, sondern auch von ›Stiftung‹ und ›Fonds‹, denn auch solche Rechtskonstrukte können sich für einen gemeinnützigen Wohnungsbau einsetzen und sollten von den zusätzlichen Steuereinnahmen profitieren können.

Beiden Ergänzungen wird nicht widersprochen und demzufolge sieht die Aufgabenpalette für einen Fonds/eine Stiftung/eine Genossenschaft zur Förderung des sozialen Wohnungsbaus aus ihrer Sicht so aus:

Begünstigung von Bauprojekten mit besonderer Qualität: Genossenschaften; hohe Wärmedämmung/hohe Energieeffizienz; Wohnungen mit einer relativ geringen Quadratmeterzahl; erhöhte Ausnutzung; Angebote, die ein Gleichgewicht zwischen Individualität und Gemeinschaft erlauben; den Kauf von selbst bewohntem Eigentum fördern; die Tragbarkeit von Hypotheken können mit Direktdarlehen oder Bürgschaften vereinfacht werden. Im Fall einer Zahlungsunfähigkeit würde dann der Fonds/die Stiftung/die Genossenschaft haften; Massnahmen zur Verhinderung der Zersiedelung unterstützen; setzen sich ein für eine ökologische Bauweise; kann Baurechtsverträge abschliessen; Boden darf nicht verkauft, sondern lediglich zur Nutzung abgeben werden; setzt sich ein für ein Vorkaufsrecht der öffentlichen Hand für Boden, der sich im Privatbesitz befindet.

Franz will noch ein spezielles Thema zur Sprache bringen, indem er auf eine Diskussion in seiner Gemeinde hinweist. Dort wurde über die Betreuung von Betagten diskutiert und die Frage aufgeworfen, ob nicht Institutionen, finanziert mit öffentlichen Geldern wie Baugenossenschaften, sich auch dieser Aufgabe widmen könnten.

Nina nimmt den Ball auf und meint, sie könne sich durchaus vorstellen, dass beispielsweise ein Spitexzentrum in eine Baugenossenschaft integriert werden könnte. »Lasst es für den Moment mit der erwähnten Aufzählung bewenden. Wenn es in einer Gemeinde um einen konkreten Antrag gehen wird, dann ist man ja frei, das Aufgabenspektrum frei zu definieren.«

Da dem nicht opponiert wird, bedankt sich Nina für die Hinweise und gibt zu bedenken: »Wir sollten uns auch noch Gedanken über die Umsetzung unserer Formel machen, denn wir wollen ja, dass damit Politik gemacht wird und sich Politikerinnen und Politiker angesprochen fühlen, in der Bodenpolitik aktiv zu werden.«

»Ja, dies ist zwingend nötig,« meint Franz. »Es sind ja die Gemeinden, resp. deren Wohnbevölkerung, die sich primär durch unsere Formel motivieren lassen sollten ...«

Und Isabelle ergänzt: »... und die Gemeindeparlamente. Von denen erwarte ich eigentlich die allermeiste Unterstützung, indem durch politische Vorstösse eine Umsetzung unserer Formel geschehen soll.«

»Ja, dies ist naheliegend,« ergänzt Nina, »aber auch in kleineren Gemeinden kann über eine Einzelinitiative eines einzelnen Bürgers oder einer Bürgerin unser Anliegen vorgebracht werden. Wünschenswert wäre es auch, wenn einzelne kleinere Gemeinden sich zusammenschliessen würden und gemeinsam in der Bodenpolitik aktiv würden.«

Nach abgeschlossener Diskussion ergibt sich folgender Vorschlag für eine Vorgehensweise zur Realisierung einer gemeinnützigen Wohnbaugenossenschaft: Angesprochen sind die Gemeinden (Gemeindeversammlungen oder Parlamente); In Versammlungsgemeinden kann eine einzelne stimmberechtigte Person eine Einzelinitiative einreichen. Sie kann damit im Alleingang erreichen, dass über ihr Anliegen in der Gemeindeversammlung oder an der Urne abgestimmt wird. Ein Einzelinitiant oder eine Einzelinitiantin muss dazu keine Unterschriftensammlung durchführen. Wird die Initiative dennoch mehrfach unterzeichnet, kann ihr das aus politischer Sicht aber mehr Gewicht verleihen; damit es in einer Parlamentsgemeinde zu einer Abstimmung kommt, muss eine gewisse Anzahl Mitglieder des Parlaments die Einzelinitiative unterstützen; Volksinitiativen gibt es nur in Parlamentsgemeinden und Zweckverbänden; für das Zustandekommen einer Volksinitiative muss ein Initiativkomitee aus fünf bis zwanzig stimmberechtigten Personen eine gewisse Anzahl von Unterschriften von Stimmberechtigten sammeln. Wie viele Unterschriften nötig sind, steht in der Gemeindeordnung bzw. in den Statuten des Zweckverbands. Das Gesetz über die politischen Rechte regelt eine Obergrenze. So ist sichergestellt, dass die Hürden für eine Initiative nicht übermässig hoch sind. Binnen sechs Monaten müssen Initianten genügend Unterschriften sammeln. Kommt eine Initiative gültig zustande, findet darüber eine Abstimmung an der Urne oder in der Gemeindeversammlung statt; es muss betont werden, dass die hier erwähnten Steuersätze lediglich Vorschläge sind. Jede einzelne Initiative muss situationsbezogen die jeweiligen Steuersätze vorschlagen.

Nina bedankt sich für die heutige Diskussion und stellt für die nächste, letzte Diskussionsrunde einen Entwurf eines parlamentarischen Vorstosses in Aussicht, der eine Änderung der Grundstückgewinnsteuer für eine Stadt mit einem Parlament zum Ziel hat.

Maklermarkt und Geldwäscherei?

Ninas Jugendfreundin weist noch auf ein weiteres interessantes Thema hin, das sie von ihrem Bruder erfahren hat, der in einer Rechtsabteilung einer Bank als Jurist tätig ist. In eingeweihten Kreisen ist offenbar längstens bekannt, dass neben Gold, Schmuck, Rohdiamanten, Antiquitäten, Kunst, Beratungsfirmen, Banken in Dubai und Bankschliessfächer auch der Liegenschaftshandel ein bedeutendes Objekt für die Geldwäscherei ist. Dies ist neben den Banken auch den Aufsichtsbehörden wie den Steuerämtern bekannt und sie versuchen, diesem illegalen Treiben Einhalt zu gebieten. Ein besonderes Augenmerk wird dabei auf Restaurants, Bars und Nightclubs geworfen. Deren Besitzer geben dabei vor, mehr Umsatz zu generieren, als tatsächlich realisiert wurde. Die Differenz zum vergleichbaren marktüblichen Betrag wird dann mit Geld aus illegalen Tätigkeiten ausgeglichen und so gelangt illegales Geld in den legalen Geldkreislauf.

Handwerker sind offenbar ein weiteres beliebtes Objekt für die Geldwäscherei, wie dieser Jurist aus Erfahrung weiss. Deren Arbeit kann bezahlt werden durch eine Kombination von offiziellen Rechnungen und inoffiziellen Barzahlungen. Handwerker sind deshalb empfänglich für solche Deals, weil sie damit weniger Steuern bezahlen müssen, denn lediglich die ausgestellten Rechnungen sind Grundlagen für die Besteuerung. Und die Geldwäscher profitieren, indem sie den Behörden mit den offiziellen Rechnungen dokumentieren können, dass sie sich legal verhalten. Besonders interessant für die Geldwäscher ist der Kauf von renovationsnotwendigen Liegenschaften, die sie erwerben, renovieren und dann vermieten. Neben dem Geldwäscherei-Potential beim Erwerb und bei der Renovation gibt ihnen die Vermietung die Gelegenheit, legal erworbenes Geld zu erwirtschaften und so ›sauber‹ dazustehen.

Der Erwerb von Liegenschaften geschieht hauptsächlich in städtischen Verhältnissen, denn in landschaftlich geprägten Verhältnissen, wo man sich allermeistens kennt, wird öffentlich über Kauf und Verkauf von Liegenschaften geredet. Transparenz und Fragen über Eigentümer scheuen die finsteren Gestalten der Geldwäscherei und deshalb ist ihr Betätigungsfeld die anonyme Stadt. Da beim Liegenschaftshandel bis zu 30 Prozent bar bezahlt werden kann, lädt dies ein, Geld zu waschen, nämlich dieser Anteil des Kaufpreises mit illegalem Geld zu begleichen. Es ist die Mischung aus legalem und illegalem Geld, das es schwer macht, den Geldwäschern das Handwerk zu legen. Wenn dann Käufe und Verkäufe in diesem Wirtschaftsbereich noch über Strohmänner laufen, dann wird es noch schwieriger, die Herkunft des Geldes zu eruieren. Zur Verschleierung werden zudem oft Firmen gegründet, über die die jeweiligen Transaktionen abgewickelt werden, was die Eruierung der Hintermänner der Geldwäscherei nochmals zusätzlich erschwert.

Ein wichtiges Thema in diesem Zusammenhang ist die Rolle der Banken. Schlaue Geldwäscher meiden den Kontakt mit hiesigen Banken, denn diese wollen wissen, wer hinter der angemeldeten Firma steht. Da sie diese Transparenz vermeiden wollen, ziehen sie es vor, ihre Firmen über eine Bank in Lichtenstein zu finanzieren, die in Kontakt steht mit Banken in Dubai oder Panama, die die Herkunft ihrer Gelder nicht im selben Ausmass kritisch überprüfen, wie unsere Banken.

Die Nachbarin hielt nicht viel von Liegenschaften-Maklern, denn sie hält diese als potentielle Strohmänner für Geldwäscher und sie sind für sie zu sehr monetär gesteuert. Ihre Antipathie zeigt sie abschliessend mit folgendem Witz: Ein Immobilienmakler verirrt sich in die Bibliothek. »Was kann ich für Sie tun?«, fragt ihn die Bibliothekarin. Der Makler überlegt. »Haben Sie auch Bücher über ehrliche Makler?« Darauf die Bibliothekarin: »Die Märchenabteilung befindet sich im dritten Stock.«

Think-Tank Bodenpolitik 8: Beispiel eines parlamentarischen Vorstosses

Nina hat ihren Entwurf allen Teilnehmenden des Think-Tanks zugestellt und begrüsst zur Diskussion ihres Entwurfs. Dieser ist als Motion formuliert, also als Auftrag an die Stadtregierung, dem Parlament eine verbindliche Gesetzesvorlage vorzulegen.

Eckdaten dieses parlamentarischen Vorstosses sind: die bisherige Besteuerung ist um 25 Prozent zu erhöhen; der in dieser Stadt bezahlte Quadratmeterpreis wird laufend durch das städtische Notariat veröffentlicht. Dasselbe gilt für die Landpreis-Differenz zum Vorjahr; diese Landpreis-Differenz wird zu 95 Prozent besteuert; diese beiden Zusatzbesteuerungen fliessen als Aktivposten in die zu gründende Baugenossenschaft; der Stadtrat macht einen Vorschlag für die gesetzliche Stipulierung einer Baugenossenschaft bei der Kostenmiete gilt und sich Interessentinnen und Interessenten bis zu einem bestimmten Einkommen bewerben können.

Neben dieser qualitativen Darstellung sieht ein fiktives Beispiel für die Umsetzung unserer Formel so aus: 10 Jahre nach der gesetzlichen Verankerung der Formel wurden insgesamt in der Stadt XY 1 Hektare Land verkauft. Der Quadratmeterpreis beträgt 2500 Franken und betrug 10 Jahre zuvor noch 2000 Franken; die Anwendung der Formel (P2 – P1) × Q × S ergibt folgendes Ergebnis für die Abschöpfung der Preissteigerung: (2500 – 2000) × 10.000 × 95% = 4.750.000 Franken; der aktuelle Steuerfuss beträgt 30%; die gesamte Steuer beträgt: 2000 × 10.000 × (30 + 25)% = 11.000.000 Franken plus die Höherbesteuerung der Preissteigerung von 4.750.000 Franken minus ein Freibetrag von 50.000, was ein Totalbetrag von 15.700.000 Franken ergibt; alternative Berechnung: ohne Gesetzesänderung hätten die Verkäufer folgende Steuer bezahlt: 2500 × 10.000 × 30% = 7.500.000

Tabellarisch sieht dies so aus:

Synopsis Steuerbelastungen

					Steuer nach altem Recht	Steuer nach neuem Recht	Einnahmen der Verkäufer
	%	CHF	m2	CHF	CHF	CHF	CHF
Eckdaten:							
m2-Preis alt		2'000					
m2-Preis neu		2'500					
Steuersatz bisher	30						
Steuersatz neu generell	55						
Steuersatz neu gemäss Formel	95						
Verkaufte m2			10'000				
Steuer-Freibetrag				50'000			
Steuer nach altem Recht					7'500'000		
Steuerabschöpfung Bodenpreissteigerung						4'750'000	
Steuer nach neuem generellem Steuersatz						11'000'000	
minus Steuer-Freibetrag						-50'000	
Total Steuer nach neuem Recht						15'700'000	
Einnahmen der Verkäufer							25'000'000

Die in diesem Beispiel dargestellte Differenz zwischen Markterlös (Einnahmen der Verkäufer) und zu bezahlenden Steuern mag hoch erscheinen. Wenn von einem zu erwartenden ›Geldsegen‹ von 25 Millionen Franken nur noch rund 4 Millionen übrigbleiben und der Fiskus das rund 4-fache für sich beansprucht, mag mancher dies als ›Wucher‹ bezeichnen. Bedenkt man aber, dass die Eigentümer für die Wertsteigerung ihres Lands ausser dem laufenden Unterhalt nichts für die Wertsteigerung beigetragen haben, muss sich der Frust relativieren und man sollte sich an den realisierten 4 Millionen Franken freuen. Hinzu kommt, dass der Staat mit seinen Investitionen in die jeweilige Infrastruktur (z. B. Schul- und Spitalbauten, Strassen) massgeblich zur Wertsteigerung beigetragen hat. Und das Wichtigste: Mit diesen Geldern wird das Gemeinwesen einen wesentlichen Beitrag zur

Dämpfung der Wohnungsnot beitragen durch Kostenmieten und genossenschaftlich organisierte Wohn-Verwaltungseinheiten, die nicht gewinnorientiert arbeiten.

Nina will beenden, aber Lucas verlangt noch das Wort. »Ich habe einen Freund, der ist Mitglied in einem Stadtparlament und hat einen politischen Vorstoss eingereicht mit dem Titel ›Förderung des gemeinnützigen Wohnungsbaus mithilfe tieferer Grundstück-Gewinnsteuern‹. Er schlägt vor, das Steuergesetz zu ändern, indem die Grundstückgewinnsteuer um ein Drittel reduziert wird. Bedingung ist, dass ein Grundstück von der öffentlichen Hand oder einem gemeinnützigen Bauträger erworben wird und sichergestellt wird, dass auf dem Grundstück preisgünstiger Wohnraum realisiert wird. Ich finde, dies ist ebenfalls ein für die Förderung des sozialen Wohnungsbaus sinnvolles Anliegen. Was meint ihr?«

Für Franz ergibt sich prima vista das Problem, den Preisbezugspunkt zu eruieren. »Wie wird der Verkaufspreis ermittelt, der die Basis sein soll für die Ermittlung der Gewinnsteuer-Reduktion?«, fragt er in die Runde und liefert auch gleich selber eine mögliche Antwort: »Das Bietverfahren müsste durch eine offizielle Stelle, beispielsweise das lokale Steueramt, vorgenommen werden und dann wäre der höchste Preis bekannt. Verkauft würde in der Folge an die Stadt und die Verkäuferschaft käme in den Genuss einer um ein Drittel tieferer Steuer.«

Nun meldet sich auch noch Isabelle zu Wort: »Wie ihr wisst, bin ich auch noch als Journalistin Berichterstatterin in einem kantonalen Parlament. Diese Erfahrung sagt mir, dass wir bei der Implementierung unserer Formel die Zuständigkeiten klar auseinanderhalten müssen. Die von dir entworfene Motion, Nina, kann meiner Meinung nach nicht auf städtischer Ebene eingeführt werden, denn dazu fehlt die übergeordnete kantonale Kompetenz. Demzufolge muss zuerst im kantonalen Steuergesetz die Voraussetzung geschaffen werden, um auf kommunaler Ebene unsere Formel einführen zu können. Ziel muss sein, dass die Grundstück-Gewinnsteuern in den Gemeinden nicht mehr in die allgemeinen Steuereinnahmen fliessen, sondern neu in einen wie auch immer genauer zu bezeichnenden ›Grundstück-Gewinnsteuer-Fonds‹ gelegt und für den gemeinnützigen Wohnungsbau zur Verfügung gestellt werden.«

Auf dieses Votum meldet sich Lucas: »Du hast absolut recht, Isabelle, was die Rechtsetzungs-Kompetenzen anbelangt. Und diese Realität muss weitergedacht werden mit der Folge, dass die Gemeinde oder die Stadt dann ihr Budget ohne Grundstück-Gewinnsteuern machen müsste. Das hätte wohl tendenziell eine Erhöhung des Steuerfusses zur Folge. Darin sehe ich einen grossen Stolperstein unserer Bodenpreis-Formel: Wenn die Konsequenz einer Förderung des sozialen Wohnungsbaus zwangsläufig eine Steuererhöhung zur Folge haben wird, dann müsste aus taktischen Gründen der Steuersatz in unserer Formel in einem ersten Anlauf relativ tief angesetzt werden, denn sonst finden wir keine Mehrheit für unsere Formel.«

Isabelle interveniert: »Um diesen Nachteil zu mildern, könnte ja auch ein Splitting zwischen Fonds und allgemeinem Steuerertrag vorgesehen werden.«

Und Franz ergänzt: »Damit offenbart sich auch eine konkrete Schwäche unserer Formel und eines damit zu schaffenden ›Kässeli‹: Die Gemeinde hat dann zweckgebundenes Geld im Fonds, das sie nicht verwenden kann, wenn kein geeignetes Land oder Liegenschaft auf dem Markt ist.«

Nina will zu diesem Fragenkomplex auch einen Beitrag leisten und verweist auf einen Bekannten, der Treuhänder ist und dem sie von ihrem Think-Tank und der Absicht, eine neue Bodenpreis-Formel vorzuschlagen. Dieser Treuhänder hat ihr nach diesem Gespräch telefoniert und ihr mitgeteilt, er finde ihre Absichten sehr gut, etwas gegen die gängige Bodenpolitik mit den horrenden Preisen und Mieten zu unternehmen. Damit liess er es aber nicht bewenden und machte gleich noch folgenden Vorschlag: Dem Liegenschaftsverkäufer könnte eine reduzierte Gewinnsteuer angeboten werden, wenn er der öffentlichen Hand verkauft. Das Modell könnte so austariert werden, dass ein solcher Verkauf immer rentabler ist, als der Verkauf an einen institutionellen Anleger oder an einen Privaten. »Ich finde dies eine ausgezeichnete Idee und wir müssen unbedingt eine solche Variante bei unseren zukünftigen Kontakten zu Politikerinnen und Politikern auch auf diese Möglichkeit aufmerksam machen.«

Ganz aufgeregt meldet sich auch Lucas. »Unsere Diskussionen haben mich in letzter Zeit derart auf Trab gehalten, dass ich mit allen möglichen Leuten über dieses Thema gesprochen habe. So auch mit einem Kunsthändler. Dieser stellte mir eine für mich verblüffende Frage, wieso zu verkaufende Häuser nicht auch versteigert würden. Was denkt ihr?«

Nach Franz kennt man Hausversteigerungen als Betreibungsthema, das heisst, es sind Zwangsversteigerungen als Resultat von erfolglosen Betreibungen. »Dies ist ein interessanter Ansatz, Lucas, der meiner Meinung zusammen mit unserer Formel auch in die politische Diskussion einfliessen müsste.«

Nina schaut mit seltsam gerührten Blick in die Runde und setzt zu einem Schlussvotum an: »Ich danke euch ganz herzlich für eure sehr kompetente und sehr engagierte Teilnahme an unseren Think-Tanks. Ich war anfänglich sehr unsicher, ob ein solches Unterfangen überhaupt gelingen kann, denn wir haben Neuland beschritten. Eine Lösung – sogar Lösungsvarianten – haben wir gefunden aufgrund praktischer Erfahrung beim Hausverkauf, politischen Erfahrungen, theoretischem Wissen und Kontakten zu Personen, die ebenfalls die heutige Bodenpreis-Situation als unhaltbar ansehen. Es bleibt die

Hoffnung, dass unsere Formel, in welcher konkreten Ausprägung auch immer, von den politischen Instanzen gewürdigt wird und in unseren Gemeinden und Städten ein Beitrag geleistet werden kann zur zusätzlichen Anwendung von Kostenmieten.«

Begriffserklärungen

Bodenrente (nach Wikipedia)
Die Grundrente (auch Bodenrente, Differentialrente oder einfach nur Rente) ist der Teil des Ertrags, den ein Pächter dem Eigentümer des von ihm als Ackerboden, Baugelände, zur Forstwirtschaft, im Bergbau oder wie auch immer genutzten Bodens regelmäßig zu entrichten hat.

Wohneigentumsquote (nach Bundesamt für Statistik)
Anteil der vom Eigentümer selbst bewohnten Wohnungen (Eigentümer/in des Hauses, Stockwerk-/Wohnungseigentümer/in) am Bestand der bewohnten Wohnungen.

Abgaben
Das Gemeinwesen deckt seine Ausgaben mittels öffentlicher Abgaben. Sie können in Form von Steuern oder Kausalabgaben erhoben werden.

Steuern
Geldleistungen, die von einem öffentlichen Gemeinwesen ohne Gewährung einer besonderen Gegenleistung hauptsächlich zur Deckung des Finanzbedarfs erhoben werden.

Kausalabgabe
Abgabe, die für eine bestimmte Leistung des Gemeinwesens an das einzelne Individuum erhoben wird.

Literatur

Bundesamt für Statistik; 2021

Casafair; Magazin ›cosanostra‹ 175; 2024

ETH Zürich; Erkenntnisse zum aktuellen Wohnungsnotstand Bautätigkeit, Verdrängung und Akzeptanz, SPUR – Raumentwicklung und Stadtpolitik; März 2023

Fargo Peter, Scheidegger Jürg; Einflussfaktoren auf Bodenpreise in der Bauzone; Nationales Forschungsprogramm 21; Dezember 1988

Der Bundesrat, https://www.admin.ch/gov/de/start.html; Bund will Aktionsplan Wohnungsknappheit zügig umsetzen; 12.6.2024

Imboden Priscilla, Vontobel Werner; Die unsichtbare Milliardenverteilung (in: Die Republik); 01.09.2023

Kanton Zürich; Statistisches Amt; Bodenpreise, 2023

Kanton Zürich; Statistisches Amt; Median Bundessteuerdaten, 2023

Kolbe Christian; Darum müssen viele Schweizer Traum vom Eigenheim begraben; Blick; 24.01.2024

Moneyland; Talfahrt der Hypothekarzinsen vorerst gestoppt; 24.1.2024

NZZ am Sonntag; Viel Fläche für zu wenig Menschen gebaut; 8.10.2023

Piketty Thomas; Capital in the Twenty-First Century; Cambridge, Massachusetts/London, England; 2014

Raiffeisen; Immobilien Schweiz – 1. Q 2024; 1.2.2024

Schmid Peter; Die Wohnbaugenossenschaften (WBG) der Schweiz – Eine Bestandesaufnahme (revidierte Fassung); 27.07.2018

Schweizerische Steuerkonferenz; Steuern und Abgaben; März 2022

Steinmann Paul; Bau und Wohngenossenschaften in der Schweiz, Allgemeine Baugenossenschaft Zürich (ABZ), 1955

Tages-Anzeiger; Selbst Gutverdienende können nur noch in Randregionen ein Haus kaufen; 27.2.2023

Tages-Anzeiger; Zürich kaufte letztes Jahr Land für 358 Millionen; 10.1.2024

Tages-Anzeiger; 180.000 Franken wären zulässig: 17.1.2024

Tages-Anzeiger; Baumeister fordern Wohnungsfreigaben; 28.6.2024

Teichmann Fabian; Real estate money laundering in Austria, Germany, Liechtenstein and Switzerland; Journal of Money Laundering Control Vol. 21 No. 3, 2018, pp. 370–375 © Emerald Publishing Limited, 1368-5201, DOI 10.1108/JMLC-09-2017-0043

Vontobel Werner; Der private Grundbesitz wird zum Mega-Problem (in: Die Republik); 23.10.2023

Werner Vontobel; Warum privater Grundbesitz neu reguliert werden müsste; 14.05.2024

Wohnbaugenossenschaft Schweiz/Wohnen Schweiz; Der gemeinnützige Wohnungsbau in der Schweiz; 2017

Vom gleichen Autor

Graph versus Graf
Ein Sozialkrimi über die Kluft
zwischen Reich und Arm

Roman
ISBN: 978-3-909066-27-8
91 Seiten, broschiert (2022)
allerArt/Versus Verlag, Zürich

Die Schere zwischen Arm und Reich öffnet sich immer weiter. In nur fünfzehn Jahren konnten die Superreichen ihr Vermögen mehr als verdreifachen. Gleichzeitig weiss die Statistik, dass Arme im Mittel elf Jahre früher sterben als der Durchschnitt. Das Thema ist heute vielen noch zu wenig bewusst, beinhaltet aber hohen gesellschaftspolitischen Zündstoff.

Welches sind die Ursachen dafür, dass die Reichen immer reicher, die Armen immer ärmer werden? Mit welchen Massnahmen liessen sich die Chancen in einer Gesellschaft gerechter verteilen?

Richard Bisig lässt in diesem Roman in einem Diskussionsforum verschiedene Erklärungsansätze und Therapievorschläge referieren und diskutieren. Manchen reichen die Referate und Debatten über Hintergründe und Therapievorschläge, manche machen die Faust im Sack, und einer greift zum Zweihänder …

Die Getriebenen
Welche Charaktereigenschaften haben ökologisch Engagierte?

ISBN: 978-3-7528-5451-0
108 Seiten, broschiert (2020)
17,90 Franken
BoD – Books on Demand, Norderstedt

Welche Charaktereigenschaften haben ökologisch Engagierte? Dieser Frage geht Richard Bisig nach und porträtiert Mitbürgerinnen/Mitbürger und Politikerinnen/Politiker, indem er deren Charakterprofil von einer Psychologiestudentin im Rahmen einer fiktiven Masterarbeit erstellen lässt.

Klimawandel
Gereimtes und Ungereimtes

ISBN: 978-3-7494-4570-7
137 Seiten, broschiert (2019)
17,90 Franken
BoD – Books on Demand, Norderstedt

Richard Bisig bringt in Versform seine Gedanken zum Klimawandel zu Papier. Kritisch und unterstützt durch Bilder und Karikaturen setzt er sich mit sehr vielen Aspekten dieses aktuellen gesellschaftspolitischen Themas auseinander.

Die Spitalschliesser
Ein regionalpolitischer
Entscheidungsprozess
mit Widerständen

ISBN: 978-3-909066-15-5
174 Seiten, broschiert (2018)
29,90 Franken
allerArt/Versus Verlag, Zürich

In diesem Roman erzählt Richard Bisig die Geschichte eines Regionalspitals im Spannungsfeld von Zahlen und Planungen, Interessen und Emotionen, Tradition und Aufbruch.

Die andere KMU
Kleiner Massloser Unterlasser

128 Seiten, broschiert (2017)
22,00 Franken
allerArt/Versus Verlag, Zürich

Richard Bisig erzählt in diesem Roman die Lebensgeschichte zweier Brüder, die gemeinsam eine Firmengruppe aufbauen. Was sich in ihrem Familienunternehmen abspielt, kann beispielhaft für die Situation in kleinen und mittlerern Unternehmen (KMU) stehen und zeigt allen KMU-Eignern und weiteren Interessierten eine grosse Palette von Spannungsfeldern auf.

Der Autor

Richard Bisig ist Betriebswirtschaftler mit Promotion. Er war in einem Bezirksspital tätig als Spitalverwalter/Verwaltungsdirektor und als Finanzchef in einer kantonalen Gesundheitsdirektion. Nach einer Tätigkeit als Seniorberater bei Ernst & Young machte er sich als Unternehmensberater selbständig und übernahm mehrere interimistische Aufgaben wie beispielsweise als Klinikmanager, Departementsmanager und als Direktor Dienste in einem Universitätsspital. Im Weiteren übernahm er als Spitaldirektor in mehreren Spitälern die operative Leitung. Neben diesen operativen Leitungsaufgaben war er auch auf strategischer Spitalleitungsebene als Spitalrat und Spitalratspräsident engagiert. In der Privatwirtschaft übernahm er als Verwaltungsratspräsident in einer familieneigenen KMU-Firma und einer Härterei in der metallverarbeitenden Industrie strategische Führungsaufgaben. Daneben war er Dozent an einer Fachhochschule.

Politisch war er aktiv als Mitinitiant zur Gründung der Grünen Partei des Kantons Zürich im Jahre 1978 und als Kantonsrat von 1983 bis 1991. Daneben war er während rund fünf Jahren an seinem Wohnort Gemeinderat (Exekutive).

Dankeswort

Thomas Schweizer, aktiver Kantonsrat, danke ich für sein kritisches Durchlesen des Erstentwurfs und die anregenden Diskussionen. Ebenfalls danke ich Dr. Hans Kissling für dessen Erstbeurteilung.

Balz Schlegel hat es geschafft, als Illustrator dem Inhalt dieses Buches mittels Zeichnungen eine optische Stimme zu geben; herzlichen Dank.